सबसे मुश्किल काम, सबसे पहले

सबसे मुश्किल काम, सबसे पहले

कम समय में ज़्यादा काम करने और टालमटोल छोड़ने के 21 बेहतरीन तरीक़े

ब्रायन ट्रेसी

अनुवादक : डॉ. सुधीर दीक्षित

MANJUL

मंजुल पब्लिशिंग हाउस

MANJUL

मंजुल पब्लिशिंग हाउस

कॉरपोरेट एवं संपादकीय कार्यालय

• द्वितीय तल, उषा प्रीत कॉम्प्लेक्स, 42 मालवीय नगर, भोपाल-462003

विक्रय एवं विपणन कार्यालय

• सी-16, सेक्टर 3, नोएडा, उत्तर प्रदेश - 201301, इंडिया

वेबसाइट : www.manjulindia.com

वितरण केन्द्र

अहमदाबाद, बेंगलुरू, कोच्चि, कोलकाता, चेन्नई,
हैदराबाद, मुम्बई, नई दिल्ली, पुणे

ब्रायन ट्रेसी द्वारा लिखित मूल अंग्रेजी पुस्तक
ईट दैट फ़्रॉग! - 21 ग्रेट वेज़ टु स्टॉप प्रोक्रैस्टिनेटिंग ऐंड गेट मोर डन इन लेस टाइम का हिन्दी अनुवाद

Eat That Frog! by *Brian Tracy* – Hindi Edition

यह हिन्दी संस्करण 2010 में पहली बार प्रकाशित
22वीं आवृत्ति 2024

पहला मूल अंग्रेजी संस्करण बेरेट-कोलर पब्लिशर्स,
इनकॉर्पोरेटिड, सैन फ्रैन्सिस्को, कैलिफ़ोर्निया (यू.एस.ए.) द्वारा प्रकाशित

ISBN 978-81-8322-180-1

हिन्दी अनुवाद : डॉ. सुधीर दीक्षित

मुद्रण व जिल्दसाज़ी : रेप्रो इंडिया लिमिटेड

मेरी बेटी कैथरीन को,

अद्‌भुत लड़की, जिसका मस्तिष्क भी अद्‌भुत है

और जिसके सामने

अविश्वसनीय भविष्य के द्वार खुल रहे हैं

प्रकाशक की टिप्पणी

लेखक ब्रायन ट्रेसी की इस पुस्तक के अंग्रेज़ी भाषा के मूल संस्करण का शीर्षक *ईट दैट फ्रॉग* पश्चिम में प्रचलित एक कहावत पर आधारित है। यहाँ मेंढक आपके सबसे मुश्किल और महत्वपूर्ण काम का प्रतीक है, जिसमें आपके टालमटोल करने की आशंका सबसे ज़्यादा रहती है। और इस मेंढक को निगलने का अर्थ है, टालमटोल छोड़कर काम पूरा करने के लिए ख़ुद को अनुशासित करना।

अंग्रेज़ी के पाठकों के लिए मूल शीर्षक *ईट दैट फ्रॉग* को समझना सहज है, क्योंकि कहावत के रूप में उनके पास इसका एक संदर्भ मौजूद है। लेकिन हिंदी भाषा में ऐसा कोई मुहावरा या कहावत उपलब्ध नहीं है, जो अंग्रेज़ी शीर्षक का अर्थपूर्ण प्रतिनिधित्व करती हो। इसीलिए हमने हिंदी अनुवाद का शीर्षक *सबसे मुश्किल काम, सबसे पहले* रखा। ताकि पाठक इसके संदर्भ को सहजता से समझ सकें। हालांकि कथ्य का प्रवाह बनाए रखने के लिए हमने पुस्तक के भीतर *ईट दैट फ्रॉग* का हिन्दी अनुवाद *हर सुबह एक मेंढक निगल लें* ही रखा है।

उम्मीद है कि आपको यह पुस्तक पसंद आएगी।

विषय सूची

आमुख

यह पुस्तक पढ़ने के लिए धन्यवाद। उम्मीद है कि ये विचार मेरी और हज़ारों दूसरे लोगों की तरह ही आपकी भी मदद करेंगे। दरअसल मुझे पूरी उम्मीद है कि यह पुस्तक आपकी ज़िंदगी बदल देगी... हमेशा के लिए।

आपको बहुत से काम करने हैं, लेकिन उन सबको करने के लिए आपके पास कभी पर्याप्त समय नहीं होता। आप काम, व्यक्तिगत ज़िम्मेदारियों और प्रोजेक्ट्स के बोझ तले दबे रहते हैं। आप ऐसी पत्रिकाओं और पुस्तकों का ढेर लगाते रहते हैं, जिन्हें आप सारे काम निबटाने के बाद फ़ुरसत में पढ़ना चाहते हैं।

लेकिन सच तो यह है कि आपको कभी फ़ुरसत *नहीं* मिलेगी। आप कभी अपने सारे काम पूरे नहीं कर पाएँगे। आप कभी उस मुक़ाम तक नहीं पहुँच पाएँगे, जहाँ उन सभी पुस्तकों, पत्रिकाओं और फ़ुरसत के वक़्त की गतिविधियों के लिए समय निकाल पाएँ, जिनके आप सपने देखते हैं।

ज़्यादा मेहनत करके समय प्रबंधन की समस्याएँ सुलझाने की बात भूल जाएँ। चाहे आप व्यक्तिगत उत्पादकता या मेहनत की कितनी ही तकनीकों में माहिर हो जाएँ, आप उपलब्ध समय में जितना काम कर सकते हैं, काम हमेशा उससे ज़्यादा ही रहेगा। और हाँ, इससे भी कोई फ़र्क़ नहीं पड़ता कि आपके पास कितना समय उपलब्ध रहता है।

लेकिन आप अपने समय और ज़िंदगी पर क़ाबू कर सकते हैं। बस शर्त यह है कि आपको अपने सोचने और काम करने के तरीक़ों को बदलना होगा। आपको ज़िम्मेदारियों की अंतहीन गहराई वाली उस नदी से निबटने का तरीक़ा बदलना होगा, जो हर दिन आपको डुबो देती है। अपने कामों और गतिविधियों पर क़ाबू करने का तरीक़ा क्या है? ज़्यादातर गतिविधियों को छोड़ दें और सिर्फ़ उन्हीं चुनिंदा कामों में ज़्यादा समय लगाएँ, जिनसे आपकी ज़िंदगी सचमुच बदल सकती है।

मैं पिछले तीस साल से समय प्रबंधन का अध्ययन कर रहा हूँ। मैंने पीटर ड्रकर, एलेक मैकेंज़ी, एलन लेकीन, स्टीफ़न कवी और बहुत से अन्य लेखकों की पुस्तकों में बार-बार गोता लगाया है। मैंने व्यक्तिगत कार्यकुशलता और प्रभावकारिता बढ़ाने के विषय पर सैकड़ों पुस्तकें व हज़ारों लेख पढ़े हैं। यह पुस्तक इसी का नतीजा है।

जब भी मुझे कोई अच्छा विचार मिलता था, तो मैं उसे हर बार अपने कामकाज और निजी ज़िंदगी में आज़माकर देखता था। अगर वह कारगर साबित होता, तो मैं उसे अपने भाषणों और सेमिनारों में शामिल करके दूसरों को सिखाने लगता था।

गैलिलियो ने कहा था, "आप किसी को कुछ सिखा नहीं सकते; आप तो बस इसे उसके भीतर खोजने में उसकी मदद कर सकते हैं।"

आपको ये विचार जाने-पहचाने लगते हैं या नहीं, यह आपके ज्ञान और अनुभव के स्तर पर निर्भर करता है। वैसे आपकी स्थिति चाहे जो हो, यह पुस्तक आपको उनके बारे में ज़्यादा जागरूक बना देगी। इन विधियों और तकनीकों

को बार–बार सीखें। इन पर तब तक अमल करते रहें, जब तक कि वे आपकी आदत न बन जाएँ। अगर आप ऐसा करते हैं, तो आप बहुत सकारात्मक अंदाज़ में अपनी ज़िंदगी का रुख़ बदल लेंगे।

लिखित लक्ष्यों की शक्ति

मैं आपको इस पुस्तक की शुरुआत में अपने बारे में कुछ बताना चाहता हूँ। मेरी ज़िंदगी बड़े अभावों के साथ शुरू हुई। बस एक ही अच्छी बात थी कि मैं जिज्ञासु प्रवृत्ति का था। स्कूल में मेरा प्रदर्शन हमेशा ख़राब रहा। नतीजा यह हुआ कि मैंने पढ़ाई अधूरी छोड़ दी। फिर मैंने कई सालों तक मज़दूरी की। मेरा भविष्य क़तई उज्ज्वल नहीं दिख रहा था।

युवावस्था में मुझे एक समुद्री जहाज़ पर काम करने का अवसर हाथ लग गया। बस फिर क्या था, मैं दुनिया देखने चल दिया! आठ साल तक मैंने सफ़र किया, काम किया और दोबारा सफ़र किया। यह सिलसिला ख़त्म होने तक मैं पाँच महाद्वीपों के अस्सी देशों में घूम चुका था।

जब मुझे मज़दूरी का काम मिलना बंद हो गया, तो मैं सेल्स लाइन में चला गया। मैंने लोगों के दरवाज़े खटखटाए और कमीशन पर काम किया। मैं समान नहीं बेच पा रहा था और जूझ रहा था, जब तक कि मैंने ख़ुद से यह सवाल नहीं पूछा, “दूसरे लोग आख़िर मुझसे बेहतर प्रदर्शन क्यों कर रहे हैं?”

फिर मैंने एक ऐसा तरीक़ा आज़माया, जिसने मेरी ज़िंदगी बदल दी। मैं सफल लोगों से पूछने लगा कि वे आख़िर ऐसा

क्या करते हैं, जिसकी बदौलत वे मुझसे ज़्यादा अच्छा प्रदर्शन करने और ज़्यादा कमाई करने में कामयाब होते हैं। उन्होंने मुझे बता दिया। मैंने उनकी सलाह पर पूरा अमल किया। नतीजा? मेरी बिक्री बढ़ गई। आख़िरकार मैं इतना कामयाब हो गया कि मुझे सेल्स मैनेजर बना दिया गया। सेल्स मैनेजर बनने के बाद भी मैं इसी नीति पर चला। मैंने सफल मैनेजरों से पूछा कि कामयाब होने और असरदार नतीजे हासिल करने के लिए वे क्या करते हैं। उन्होंने जो तकनीकें बताईं, मैं उन पर अमल करने लगा। लगभग फ़ौरन ही मुझे भी उनके जैसे ही नतीजे मिलने लगे।

सीखने और सीखी हुई बातों पर अमल करने की इस प्रक्रिया ने मेरी ज़िंदगी बदल दी। मैं अब भी हैरान हूँ कि यह सब कितना सरल और स्पष्ट है। बस यह पता लगा लें कि उस क्षेत्र के सफल लोग क्या करते हैं और फिर वही काम करने लगें, जब तक कि आपको भी वही नतीजे न मिलने लगें। विशेषज्ञों से सीखें। वाह! कितना बेहतरीन विचार है?

सफलता की भविष्यवाणी संभव है

सरल भाषा में कहें, तो कुछ लोग दूसरों से बेहतर प्रदर्शन इसलिए कर रहे हैं, क्योंकि वे चीज़ों को अलग ढंग से करते हैं। वे सही चीज़ों को सही ढंग से करते हैं। यहाँ एक बात ख़ास तौर पर उभरकर सामने आती है : कामयाब, सुखी और समृद्ध लोग आम आदमी के मुकाबले अपने समय का बेहतर इस्तेमाल करते हैं।

असफलता की पृष्ठभूमि की वजह से मुझमें हीनता और अक्षमता की भावनाएँ बहुत गहरी थीं। मैं इस ग़लतफ़हमी

के मानसिक जाल में फँस चुका था कि मुझसे बेहतर प्रदर्शन करने वाले लोग वाक़ई मुझसे बेहतर हैं। बाद में मुझे पता चला कि यह हमेशा सच नहीं था। वे तो बस चीज़ों को *अलग* तरीक़े से कर रहे थे। जो कार्यशैली उन्होंने सीखी थी, उसे मैं भी बख़ूबी सीख सकता था।

इससे मेरी आँखें खुल गईं। मैं इस खोज से हैरान भी था और रोमांचित भी। आज भी हूँ! मुझे एहसास हो गया कि मैं अपनी ज़िंदगी बदल सकता हूँ और लगभग हर लक्ष्य हासिल कर सकता हूँ, बशर्ते मैं यह पता लगा लूँ कि उस क्षेत्र के सफल लोग क्या कर रहे हैं। फिर ख़ुद भी वही करने लगूँ। इस तरह मुझे भी शर्तिया वही परिणाम मिलेंगे, जो उन्हें मिल रहे थे।

सेल्स लाइन में आने के एक साल के भीतर ही मैं शीर्षस्थ सेल्समैन बन गया। उसके एक साल बाद मैनेजर। तीन साल के भीतर वाइस प्रेसिडेंट। अब मैं छह देशों में कार्यरत 95 सेल्सपर्सन्स का बॉस था। उस वक़्त मेरी उम्र सिर्फ पच्चीस साल थी।

अब तक मैं बाईस अलग-अलग काम-धंधे कर चुका हूँ। मैंने कई कंपनियाँ शुरू कीं। एक बड़ी यूनिवर्सिटी से बिज़नेस डिग्री ली। फ्रेंच, जर्मन और स्पेनिश भाषाएँ सीखीं। अब तक मैं 1,000 से ज़्यादा कंपनियों में वक्ता, प्रशिक्षक या परामर्शदाता की भूमिका निभा चुका हूँ। आजकल मैं हर वर्ष 2,50,000 से ज़्यादा लोगों के सामने भाषण या सेमिनार देता हूँ, जिनमें कई मर्तबा तो एक बार में 20,000 लोग होते हैं।

एक सरल सच्चाई

अपने पूरे कैरियर में मैंने एक सरल सच्चाई खोजी है और बार-बार खोजी है। महान कामयाबी, उपलब्धि, सम्मान, ओहदे और जीवन की ख़ुशी की कुंजी क्या है ? अपने सबसे महत्वपूर्ण काम पर एकाग्रता से ध्यान केंद्रित करने, उसे अच्छी तरह करने और उसे पूरा करने की क़ाबिलियत। यह सिद्धांत ही इस पुस्तक की जान है।

यह पुस्तक बताएगी कि आप अपने कैरियर में ज़्यादा तेज़ी से आगे कैसे बढ़ सकते हैं। इसके अलावा, इसमें यह भी बताया जाएगा कि आप अपनी निजी ज़िंदगी को बेहतरीन कैसे बना सकते हैं। मैंने इसमें व्यक्तिगत प्रभावकारिता पर ख़ुद के खोजे हुए सबसे असरदार सिद्धांत शामिल किए हैं।

ये विधियाँ, तकनीकें और रणनीतियाँ व्यावहारिक हैं, आजमाई हुई हैं और फटाफट परिणाम देती हैं। यह पुस्तक समय बचाने के बारे में है, इसलिए मैं टालमटोल या समय कुप्रबंधन के मनोवैज्ञानिक या भावनात्मक कारणों को विस्तार से बताकर समय ख़राब नहीं करूँगा। मैं सैद्धांतिक बातों या शोध पर भी ज़्यादा लंबी बातचीत नहीं करूँगा। यहाँ तो आप सिर्फ़ कुछ निश्चित क़दमों के बारे में जानेंगे, जिन्हें आप फ़ौरन उठा सकते हैं। इनकी बदौलत आपको कामकाज में बेहतर नतीजे तत्काल मिलने लगेंगे और आप ज़्यादा ख़ुश रहने लगेंगे।

इस पुस्तक में हमने जितने भी विचार दिए हैं, उन सभी का बुनियादी मकसद आपकी उत्पादकता, प्रदर्शन और परिणामों को बढ़ाना है। इनका उद्‌देश्य आपको ज़्यादा मूल्यवान बनाना है। इनमें से कई विचारों को आप अपनी निजी ज़िंदगी में भी लागू कर सकते हैं।

इक्कीस तकनीकों में से प्रत्येक अपने आप में संपूर्ण है। ये सभी ज़रूरी हैं। हो सकता है कि किसी स्थिति में कोई एक रणनीति कारगर हो और किसी दूसरी स्थिति में दूसरी रणनीति। एक तरह से ये इक्कीस विचार व्यक्तिगत प्रभावकारिता तकनीकों की दावत जैसे हैं। आप इनका इस्तेमाल कभी भी, किसी भी क्रम में कर सकते हैं... जो भी आपको उस पल सही लगे।

सफलता की कुंजी है कर्म। ये सिद्धांत आपके प्रदर्शन और परिणामों को तेज़ी से बेहतर बनाते हैं। आप उन्हें जितनी फ़ुर्ती से सीखेंगे और लागू करेंगे, उतनी ही तीव्रता से अपने कैरियर में आगे बढ़ेंगे - पक्की गारंटी है!

जब आप *हर सुबह एक मेंढक निगलना* (*सबसे मुश्किल काम सबसे पहले करना*) सीख लेंगे, तो आपकी भावी सफलता की कोई सीमा नहीं होगी!

ब्रायन ट्रेसी

सोलाना बीच, कैलिफ़ोर्निया

अक्टूबर 2006

प्रस्तावना :
हर सुबह एक मेंढक निगल लें

जीने के लिए यह बेहतरीन समय है। अपने लक्ष्य हासिल करने की जितनी ज़्यादा संभावनाएँ और अवसर आज मौजूद हैं, उतने पहले कभी नहीं रहे। शायद मानव जाति के इतिहास में इतने सारे विकल्प कभी मौजूद नहीं रहे, जितने कि आज हैं। सच तो यह है कि आज आप इतनी सारी अच्छी चीज़ें कर सकते हैं कि विकल्प चुनना मुश्किल हो जाता है। विकल्प चुनने की आपकी क़ाबिलियत इस बात में महत्त्वपूर्ण भूमिका निभा सकती है कि आप ज़िंदगी में क्या हासिल करते हैं।

अगर आप भी आज के ज़्यादातर लोगों जैसे हैं, तो आप इस वजह से बड़े तनाव में रहते होंगे कि आपके पास करने के लिए ढेर सारे काम हैं लेकिन समय बहुत कम है। आप अपने काम को पटरी पर लाने के लिए लगातार जूझते रहते हैं, और नए काम और ज़िम्मेदारियाँ समुद्र की लहरों की तरह आपकी तरफ आने लगती हैं। फलस्वरूप आप हर वह चीज़ कभी नहीं कर पाएँगे, जो आपको करनी है। आप कभी हिसाब बराबर नहीं कर पाएँगे। आप हमेशा अपने कुछ, शायद बहुत से, कामों और ज़िम्मेदारियों में पीछे रहेंगे।

चुनिंदा होने की ज़रूरत

इस वजह से, और शायद पहले से कहीं ज़्यादा, हर पल अपना सबसे महत्त्वपूर्ण काम चुनने, शुरू करने और अच्छी तरह

पूरा करने की क़ाबिलियत आपकी सफलता पर जितना असर डालेगी, उतना कोई अन्य गुण या योग्यता नहीं डालेगी।

जो आम आदमी स्पष्ट प्राथमिकताएँ तय करने और महत्वपूर्ण काम तेज़ी से पूरे करने की आदत डाल लेता है, वह उस जीनियस से बेहतर नज़र आएगा, जो बड़ी लंबी-चौड़ी बातें करता है और अद्भुत योजनाएँ बनाता है, लेकिन असल में करता कुछ नहीं है।

मेंढक का अर्थ

मार्क ट्वेन ने कहा था कि अगर आप हर सुबह सबसे पहले एक ज़िंदा मेंढक निगल लें, तो आपको दिन भर इस बात की तसल्ली रहेगी कि आपके साथ उस दिन इससे बुरी कोई और चीज़ नहीं हो सकती।

आपका "मेंढक" दरअसल आपका सबसे बड़ा और सबसे महत्वपूर्ण काम है, जिसमें आपके टालमटोल करने की आशंका सबसे ज़्यादा रहती है। यही वह काम है, जिसका आपके जीवन और उस पल के परिणामों पर सबसे सकारात्मक असर पड़ सकता है।

मेंढक निगलने का पहला नियम : अगर आपको दो मेंढक निगलने हों, तो सबसे बदसूरत वाले को पहले निगलें।

यानी अगर आपको दो महत्वपूर्ण काम करने हों, तो सबसे बड़े, सबसे मुश्किल और सबसे महत्वपूर्ण काम को पहले करें। ख़ुद को इस तरह अनुशासित कर लें कि आप फ़ौरन काम

शुरू कर दें और फिर किसी दूसरी चीज़ में हाथ डालने के बजाय उसी काम में तब तक जुटे रहें, जब तक कि वह पूरा न हो जाए।

इसे अपने लिए एक इम्तिहान मानें। इसे व्यक्तिगत चुनौती की तरह देखें। ख़ुद को आसान काम से शुरुआत करने के लालच में क़तई न फँसने दें। अपने आपको लगातार यह याद दिलाते रहें कि आपके सबसे महत्वपूर्ण दैनिक निर्णयों से एक यह है कि आप कौन सा काम तुरंत करेंगे और कौन सा काम बाद में, बशर्ते आपको उसके लिए पर्याप्त वक़्त मिल पाए।

मेंढक निगलने का दूसरा नियम :
अगर आपको ज़िंदा मेंढक निगलना ही है, तो बैठकर देर तक उसेदेखते रहने से कोई फ़ायदा नहीं होगा।

प्रदर्शन और उत्पादकता (productivity) के ऊँचे स्तर पर पहुँचने की कुंजी यह है कि आप सुबह-सुबह ही अपने सबसे बड़े काम से जूझने की आदत डाल लें। कोई भी दूसरा काम करने से पहले “मेंढक निगलने” का नियम बना लें। और हाँ, इस बारे में ज़्यादा सोच-विचार करके अपना कीमती वक़्त बर्बाद न करें।

तत्काल कर्म करें

दुनिया में, ख़ास तौर पर व्यावसायिक जगत में, आपको तनख़्वाह और प्रमोशन, विशिष्ट-मापने योग्य परिणामों के लिए ही मिलते हैं। आपको मूल्यवान योगदान - मुख्यतः आपसे अपेक्षित सबसे महत्वपूर्ण योगदान-के बदले में भुगतान मिलता है।

"अमल में असफलता" (failure to execute) वर्तमान संगठनों की एक बहुत बड़ी समस्या है। बहुत से लोग गतिविधि और उपलब्धि को एक ही समझ बैठते हैं। वे लगातार बातचीत करते हैं, अंतहीन मीटिंगें करते हैं और अद्‌भुत योजनाएँ बनाते हैं, लेकिन अंत में कोई भी काम नहीं करता, इसलिए अपेक्षित परिणाम नहीं मिल पाते।

सफलता की आदतें डालें

ज़िंदगी और कामकाज में आपकी सफलता इस बात से तय होगी कि आपकी समय संबंधी आदतें कैसी हैं। प्राथमिकता तय करने, टालमटोल छोड़ने और अपने सबसे अहम काम में जुटने की आदत एक मानसिक व शारीरिक क़ाबिलियत है। यह आदत अभ्यास और दोहराव से सीखी जा सकती है। बार-बार दोहराकर आप इसे अपने अवचेतन मन में दर्ज कर सकते हैं और अपने व्यवहार का स्थायी हिस्सा बना सकते हैं। एक बार जब आदत पड़ जाती है, तो यह स्वचालित (automatic) हो जाती है और इसे करना आसान होता है।

महत्वपूर्ण काम शुरू करने और पूरा करने की इस आदत का आपको तात्कालिक और निरंतर लाभ मिलता है। आपकी मानसिक और भावनात्मक संरचना कुछ ऐसी है कि कोई काम पूरा करने के बाद आपको बहुत अच्छा एहसास होता है। आप ख़ुश होते हैं और ख़ुद को किसी विजेता जैसा महसूस करते हैं।

जब भी आप कोई काम पूरा कर लेते हैं, चाहे उसका आकार या महत्व जितना भी हो, तो आप अपने भीतर ऊर्जा, उत्साह और आत्म-गौरव का सैलाब महसूस करते हैं। वह

काम जितना ज़्यादा महत्वपूर्ण होता है, आप ख़ुद के और दुनिया के बारे में उतने ही ज़्यादा ख़ुश, आत्मविश्वासी और दमदार महसूस करते हैं।

महत्वपूर्ण काम पूरे होने पर आपके मस्तिष्क में *एंडॉर्फ़िन्स* प्रवाहित होने लगते हैं। ये एंडॉर्फ़िन्स आपको "प्रफुल्लता का उच्च एहसास" देते हैं। काम पूरा करने की कामयाबी से पैदा हुए एंडॉर्फ़िन्स का यह प्रवाह आपको ज़्यादा सकारात्मक, ख़ुशमिज़ाज, रचनात्मक और आत्मविश्वासी अनुभव कराता है।

अच्छी लत डालें

यहाँ सफलता का एक बहुत महत्वपूर्ण रहस्य बताया जा रहा है। आप दरअसल एंडॉर्फ़िन्स की "अच्छी लत" डाल सकते हैं। नतीजा यह होगा कि ज़्यादातर वक़्त आपके मन में अधिक स्पष्टता, आत्मविश्वास और सक्षमता की भावनाएँ रहेंगी। जब आप यह लत डाल लेते हैं, तो आप अचेतन स्तर पर अपने जीवन को इस तरह व्यवस्थित कर लेंगे कि आप लगातार पहले से ज़्यादा महत्वपूर्ण काम और प्रोजेक्ट शुरू व पूरे कर रहे होंगे। आपको दरअसल सफलता पाने और योगदान देने की अच्छी लत पड़ जाएगी।

अद्‌भुत जीवन जीने, सफल कैरियर बनाने और अपने बारे में ज़बर्दस्त महसूस करने की एक कुंजी है महत्वपूर्ण काम शुरू करने व पूरा करने की आदत डालना। जब आप ऐसा कर लेते हैं, तो यह व्यवहार आपके लिए ख़ुद-ब-ख़ुद सहज और स्वाभाविक होता जाएगा। फिर आपको महत्वपूर्ण कामों को अधूरा छोड़ने के बजाय उन्हें पूरा करना ज़्यादा आसान लगने लगेगा।

कोई शॉर्टकट नहीं

आपको उस आदमी की कहानी याद होगी, जो न्यूयॉर्क की सड़क पर एक संगीतकार को रोककर उससे पूछता है कि वह कारनेगी हॉल तक कैसे पहुँचा। संगीतकार जवाब देता है, "अभ्यास, सिर्फ़ अभ्यास।"

अभ्यास किसी भी योग्यता में माहिर होने की कुंजी है। सौभाग्य से, आपका मस्तिष्क माँसपेशी जैसा होता है। यह इस्तेमाल के साथ ज़्यादा ताक़तवर और सक्षम बनता जाता है। अभ्यास करके आप कोई भी व्यवहार सीख सकते हैं या कोई भी आदत डाल सकते हैं, जिसे आप वांछित या आवश्यक मानते हों।

नई आदत डालने के तीन सूत्र

एकाग्रता और फ़ोकस करने की आदतें डालने के लिए आपको तीन मुख्य गुणों की ज़रूरत होती है, जिन्हें आसानी से सीखा जा सकता है। ये तीन गुण हैं : निर्णय, अनुशासन और संकल्प।

सबसे पहले तो काम पूरा करने की आदत डालने का *फ़ैसला* करें। दूसरा, जो सिद्धांत आप सीखने जा रहे हैं, उनका बार-बार अभ्यास करने के लिए ख़ुद को तब तक *अनुशासित* करें, जब तक कि वे स्वचालित न बन जाएँ। और तीसरा, आप जो भी करते हैं, उसमें *संकल्प* का पुट डालें, जब तक कि आदत न पड़ जाए और यह आपके व्यक्तित्त्व का स्थायी हिस्सा न बन जाए।

अपनी कल्पना उस रूप में करें, जैसे आप बनना चाहते हैं

एक ख़ास तरीक़ा अपनाकर आप ज़्यादा उत्पादक, प्रभावी और कार्यकुशल व्यक्ति बनने की दिशा में तेज़ी से तरक़्क़ी कर सकते हैं। कर्म-केंद्रित, फटाफट काम निबटाने वाले और एकाग्रचित्त व्यक्ति बनने के पुरस्कारों और लाभों के बारे में लगातार सोचते रहें। अपने बारे में यह धारणा रखें कि आप अपने महत्वपूर्ण काम फ़ौरन और बहुत अच्छी तरह पूरे करते हैं।

अपने बारे में आप जो मानसिक चित्र बनाते हैं, उसका आपके व्यवहार पर बहुत असर होता है। अपनी कल्पनाओं में ख़ुद को एक ऐसे शख़्स के रूप में देखें, जैसे आप भविष्य में बनना चाहते हैं। आपकी आत्मछवि - मन ही मन ख़ुद को देखने का तरीक़ा - काफ़ी हद तक आपके बाहरी प्रदर्शन को तय करती है। बाहरी ज़िंदगी के सभी सुधार भीतरी सुधार - आपके मानसिक चित्रों - से शुरू होते हैं।

आपमें नई योग्यताएँ, आदतें और कुशलताएँ सीखने तथा निखारने की लगभग असीमित क्षमता है। जब आप दोहराव और अभ्यास के ज़रिये टालमटोल छोड़ने और अपने सबसे अहम काम फ़ौरन पूरे करने के लिए ख़ुद को प्रशिक्षित कर लेते हैं, तो आप तेज़ी से एक्सीलरेटर दबाकर अपने जीवन और कैरियर के द्रुतगामी राजमार्ग पर पहुँच जाएँगे।

हर सुबह एक मेंढक निगल लें!

1 दावत की मेज़ सजा लें

जीतने के लिए आपमें एक गुण होना ही चाहिए। वह है निश्चित उद्देश्य – यह ज्ञान कि आप क्या चाहते हैं – और उसे हासिल करने की तीव्र इच्छा।

नेपोलियन हिल

अपना "मेंढक" चुनने और उसे निगलने से पहले आपको स्पष्ट रूप से यह तय कर लेना चाहिए कि आप ज़िंदगी के हर क्षेत्र में क्या हासिल करना चाहते हैं। *स्पष्टता* शायद निजी उत्पादकता की सबसे अहम अवधारणा है। कुछ लोगों के ज़्यादा तेज़ी से ज़्यादा काम करने का सबसे प्रमुख कारण यही है कि उनके लक्ष्य और उद्देश्य एकदम स्पष्ट होते हैं। इसीलिए वे राह नहीं भटकते। आप क्या चाहते हैं और उसे पाने के लिए आपको कौन से क़दम उठाने होंगे, इन बिंदुओं के बारे में आप जितने ज़्यादा स्पष्ट होंगे, टालमटोल छोड़ना, मेंढक निगलना और हाथ का काम पूरा करना उतना ही ज़्यादा आसान होगा।

टालमटोल करने और प्रेरणा की कमी का ख़ास कारण यह होता है कि आपकी मानसिकता अस्पष्ट, दुविधापूर्ण और धुँधली होती है। आपको ठीक-ठीक पता ही नहीं होता कि आप क्या, किस क्रम में और किस कारण करने की कोशिश कर रहे हैं। आमतौर पर सभी के सामने आने वाली इस स्थिति

से बचने के लिए आपको एड़ी-चोटी का ज़ोर लगा देना चाहिए। अपने प्रमुख लक्ष्यों और कामों को ज़्यादा स्पष्ट करने की कोशिश करें।

यहाँ पर सफलता का एक महान नियम बताया जा रहा है : कागज़ पर सोचें।

सिर्फ़ 3 प्रतिशत वयस्कों के पास ही स्पष्ट लिखित लक्ष्य होते हैं। ये लोग समान योग्यता या बेहतर शिक्षा वाले उन लोगों से पाँच-दस गुना ज़्यादा हासिल कर लेते हैं, जो जाने क्यों यह लिखने का वक़्त कभी नहीं निकाल पाते कि वे दरअसल क्या चाहते हैं।

लक्ष्य निर्धारत और हासिल करने का एक शक्तिशाली फ़ॉर्मूला है, जिसका इस्तेमाल आप ज़िंदगी भर कर सकते हैं। इसके सात आसान क़दम हैं। अगर आपने अब तक ये क़दम उठाना शुरू नहीं किया है, तो इनमें से कोई भी क़दम आपकी उत्पादकता को दो-तीन गुना बढ़ा सकता है। मुझसे सीखने वाले कई लोगों ने सात हिस्सों की इस सरल विधि की बदौलत सिर्फ़ कुछ सालों - कई बार तो चंद महीनों में ही - अपनी आमदनी नाटकीय ढंग से बढ़ा ली।

पहला क़दम : *स्पष्ट रूप से तय करें कि आप चाहते क्या हैं*। इस बारे में आप ख़ुद फ़ैसला कर सकते हैं या फिर बॉस के साथ बैठकर अपने लक्ष्यों और उद्देश्यों पर बातचीत कर सकते हैं, जब तक कि आपके सामने यह एकदम स्पष्ट न हो जाए कि आपसे क्या अपेक्षा की जाती है और प्राथमिकता के किस क्रम में की जाती है। हैरानी की बात यह है कि बहुत सारे लोग सिर्फ़ इसलिए हर दिन कम मूल्यवान काम

करते चले जाते हैं, क्योंकि उन्होंने अपने मैनेजर के साथ ऐसी महत्त्वपूर्ण बातचीत कभी की ही नहीं है।

समय का एक बहुत ख़राब इस्तेमाल किसी ऐसी चीज़ को बहुत अच्छी तरह करना है, जिसे करने की कोई ज़रूरत ही नहीं है।

स्टीफ़न कवी कहते हैं, "सफलता की सीढ़ी पर सरपट चढ़ने से पहले यह पक्का कर लें कि यह सही इमारत से टिकी हो।"

दूसरा क़दम : *इसे लिख लें।* काग़ज़ पर सोचें। लक्ष्य लिखकर आप इसे एकदम सटीक बना देते हैं और मूर्त आकार दे देते हैं। आप ऐसी चीज़ का सृजन करते हैं, जिसे आप छू और देख सकते हैं। दूसरी तरफ़, जो लक्ष्य या उद्देश्य लिखा नहीं जाता, वह सिर्फ़ एक इच्छा या फंतासी ही रहता है और उसके पीछे कोई ऊर्जा नहीं होती। अलिखित लक्ष्य दुविधा, अस्पष्टता, ग़लत दिशा और असंख्य ग़लतियों की ओर ले जाते हैं।

तीसरा क़दम : *अपने लक्ष्य की समयसीमा* (deadline) *तय कर लें; यदि ज़रूरी हो, तो उस मुख्य समयसीमा को कुछ छोटी-छोटी समयसीमाओं में बाँट लें।* समयसीमा तय न की गई हो, तो लक्ष्य हासिल करने की कोई जल्दबाज़ी नहीं होती। ऐसे लक्ष्य की न तो कोई वास्तविक शुरुआत होती है और न ही कोई वास्तविक अंत। समयसीमा और काम पूरा करने की निश्चित ज़िम्मेदारी स्वीकार किए बिना आप स्वाभाविक रूप से टालमटोल करते रहेंगे और बहुत कम कोशिशें करेंगे।

चौथा क़दम : *उन सभी कामों की एक सूची बनाएँ, जो आपके मुताबिक़ लक्ष्य तक पहुँचने के लिए आपको करने होंगे।* जब भी इससे संबंधित कोई नया काम दिमाग़ में आए, उसे भी सूची में जोड़ लें। सूची तब तक बनाते रहें, जब तक कि यह पूरी न हो जाए। ऐसी सूची ज़्यादा बड़े काम या उद्‌देश्य की स्पष्ट तस्वीर होती है, जिसे आप हमेशा देख सकते हैं। यह आपको दौड़ने का रास्ता (track) बता देती है। यह इस संभावना को काफ़ी बढ़ा देती है कि आप अपना मनचाहा लक्ष्य हासिल कर लेंगे - और समयसीमा के भीतर ही कर लेंगे।

पाँचवाँ क़दम : *सूची को योजनाबद्ध रूप दें।* इसे प्राथमिकता और क्रम के आधार पर व्यवस्थित करें। अच्छी तरह सोच-विचार कर यह फ़ैसला करें कि आपको कौन सी चीज़ पहले करनी चाहिए और कौन सी बाद में। यह भी तय करें कि किसी चीज़ को करने से पहले और बाद में आपको क्या करना होगा। इससे भी बेहतर होगा कि आप योजना को पूरी तरह दृश्यात्मक बना लें। मसलन, एक काग़ज़ पर बॉक्स और गोले बना लें, जिसमें तीरों और लकीरों के ज़रिए हर काम का बाक़ी कामों से संबंध बताया गया हो। परिणाम देखकर आप हैरान रह जाएँगे। जब आप अपने लक्ष्य को निश्चित कामों में बाँट लेते हैं, तो उसे हासिल करना बहुत आसान हो जाता है।

लिखित लक्ष्य और कर्म की व्यवस्थित योजना की बदौलत आप उन लोगों से बहुत ज़्यादा उत्पादक और असरदार बन जाएँगे, जिनके लक्ष्य सिर्फ़ मन में ही होते हैं।

छठा क़दम : *अपनी योजना पर तत्काल अमल करें।* कुछ करें। कुछ भी करें। औसत योजना - जिस पर उत्साह से

अमल किया जाए, उस बेहतरीन योजना से ज़्यादा अच्छी होती है, जिस पर बिलकुल भी अमल नहीं किया जाता। किसी भी प्रकार की सफलता हासिल करने के लिए अमल अनिवार्य है। यही सब कुछ है।

सातवाँ क़दम : *हर दिन कुछ न कुछ करने का संकल्प करें, जो आपको अपने प्रमुख लक्ष्य की दिशा में आगे बढ़ाए।* उस गतिविधि को अपनी दैनिक समय-सारिणी (daily schedule) में शामिल करें। आप यह तय कर सकते हैं कि किसी ख़ास विषय पर हर दिन इतने पेज पढ़ेंगे। या इतने संभावित ग्राहकों या पुराने ग्राहकों से मिलने जाएँगे। या इतनी देर तक कसरत करेंगे। या किसी विदेशी भाषा के इतने नए शब्द सीखेंगे। काम चाहे जो भी हो, आप इसमें एक दिन भी चूक नहीं करते हैं।

आगे की तरफ़ ज़ोर लगाते रहें। एक बार जब आप चलना शुरू कर दें, तो फिर लगातार चलते रहें। बीच में न रुकें। सिर्फ़ यही निर्णय और अनुशासन लक्ष्य हासिल करने की गति को और आपकी उत्पादकता को भी नाटकीय ढंग से बढ़ा देगा।

लिखित लक्ष्यों की शक्ति

स्पष्ट लिखित लक्ष्य आपकी सोच पर गहरा असर डालते हैं। वे आपको प्रेरित करते हैं और कर्म करने की दिशा में आगे लेकर जाते हैं। वे आपकी रचनात्मकता को उत्तेजित करते हैं, ऊर्जा को मुक्त करते हैं और टालमटोल छोड़ने में मदद करते हैं।

लक्ष्य उपलब्धि की अँगीठी में ईंधन की तरह हैं। आपके लक्ष्य जितने बड़े और स्पष्ट होंगे, आप उन्हें हासिल करने के बारे में उतने ही ज़्यादा रोमांचित होंगे। आप अपने लक्ष्यों के बारे में जितना ज़्यादा सोचते हैं, उन्हें हासिल करने का आपका संकल्प और इच्छा उतनी ही बढ़ जाती है।

हर दिन अपने लक्ष्यों के बारे में सोचें और उनकी समीक्षा करें। हर सुबह सबसे पहले वह काम करें, जिससे आप अपने सबसे महत्वपूर्ण तत्कालीन लक्ष्य को हासिल कर सकते हों।

हर सुबह एक मेंढक निगल लें !

1. इसी वक़्त एक कोरा काग़ज़ लेकर दस लक्ष्यों की सूची बनाएँ, जिन्हें आप अगले साल हासिल करना चाहते हैं। अपने लक्ष्य इस तरह लिखें, जैसे एक साल गुज़र चुका हो और वे अब साकार हो चुके हैं।

वर्तमान काल में लिखें, सकारात्मक अंदाज़ में लिखें और मैं से शुरू करते हुए लिखें, ताकि आपका अवचेतन मन उन्हें फ़ौरन ग्रहण कर ले। मिसाल के तौर पर, आप लिख सकते हैं: "मैं हर साल इतने डॉलर कमाता हूँ" या "मेरा वज़न इतने पौंड है" या "मैं अमुक-अमुक कार चलाता हूँ।"

2. दस लक्ष्यों की इस सूची की समीक्षा करें। फिर उस एक लक्ष्य को चुन लें, जिसे हासिल करने से आपकी ज़िंदगी पर सबसे ज़्यादा और अच्छा असर पड़ेगा। चाहे वह लक्ष्य जो भी हो, उसे एक अलग काग़ज़ पर लिख लें, समयसीमा तय कर लें, योजना बनाएँ, अपनी योजना पर अमल करें और फिर हर दिन कोई न कोई ऐसा काम करें, जो आपको उस लक्ष्य की दिशा में आगे बढ़ाए। सिर्फ़ इतने भर से ही आपकी ज़िंदगी बदल सकती है!

2 हर दिन की योजना पहले से बना लें

योजना बनाने का मतलब भविष्य को वर्तमान में लाना है, ताकि आप उसके बारे में इसी वक़्त कुछ कर सकें।

एलन लेकीन

आपने यह पुराना मज़ेदार सवाल सुना होगा, "आप हाथी को कैसे खा सकते हैं?" जवाब है, "एक बार में एक-एक निवाला!"

अब बताएँ, आप अपने सबसे बड़े, सबसे बदसूरत मेंढक को कैसे निगलेंगे? उसी तरह। आप उसे क़दम-दर-क़दम निश्चित गतिविधियों में बाँट लेते हैं और इसके बाद पहले क़दम से शुरू करते हैं।

टालमटोल छोड़ने और उत्पादकता बढ़ाने के लिए विचार करने, योजना बनाने व निर्णय लेने की मानसिक क्षमता सबसे शक्तिशाली साधन है। लक्ष्य तय करने, योजना बनाने और उस पर अमल करने की क़ाबिलियत से ही आपकी ज़िंदगी की दिशा तय होती है। इससे आपकी मानसिक शक्तियों का ताला खुल जाता है, रचनात्मकता प्रेरित होती है और मानसिक व शारीरिक ऊर्जा बढ़ती है।

इसके विपरीत, जैसा एलेक मैकेंजी ने लिखा है, *"चीज़ों*

पर पूरी तरह सोच-विचार किए बिना काम करना समस्याओं का मूल स्रोत है।"

काम करने से पहले अच्छी योजना बनाने की योग्यता आपकी सकल क्षमता का पैमाना है। आपकी योजना जितनी बेहतर होगी, टालमटोल से उबरना, शुरुआत करना, अपना मेंढक निगलना और फिर आगे बढ़ना उतना ही आसान होगा।

ऊर्जा के बदले मिलने वाले लाभ की दर बढ़ाएँ

किसी भी काम में आपका एक प्रमुख लक्ष्य यह होना चाहिए कि अपनी मानसिक, भावनात्मक और शारीरिक ऊर्जा पर सर्वाधिक संभावित लाभ (return on energy) पाएँ। अच्छी ख़बर यह है कि योजना बनाने में लगा हर मिनट अमल के दस मिनट बचा सकता है। पूरे दिन की योजना बनाने में सिर्फ़ 10-12 मिनट का समय लगता है, लेकिन समय का यह छोटा सा निवेश आपके दो घंटे (100 से 120 मिनट) बचा लेगा, क्योंकि दिन भर आप यूँ ही वक़्त बर्बाद नहीं करेंगे और निरर्थक काम नहीं करेंगे।

शायद आपने छह-पी वाला फ़ॉर्मूला सुना होगा : "समुचित पूर्व योजना ख़राब प्रदर्शन से बचाती है।" (Proper Prior Planning Prevents Poor Performance)

योजना से उत्पादकता और प्रदर्शन बढ़ाने में बहुत मदद मिलती है। हैरानी की बात यह है कि बहुत कम लोग ही हर दिन इसका अभ्यास करते हैं। वास्तव में योजना बनाना बहुत आसान होता है। इसके लिए तो सिर्फ़ काग़ज़-पेन की ज़रूरत होती है। आधुनिक पाम पायलट, कंप्यूटर प्रोग्राम या टाइम प्लानर इसी सिद्धांत पर बने हैं। हर चीज़ की

बुनियाद यही है कि शुरू करने से पहले आप सारे कामों की सूची बना लें।

हर दिन दो अतिरिक्त घंटे

हमेशा सूची बनाकर ही काम करें। जब कोई नया काम आए, तो उसे करने से पहले सूची में जोड़ दें। जब आप सूची बनाकर काम करने लगते हैं, तो आप अपनी उत्पादकता और परिणामों को 25 प्रतिशत या इससे ज़्यादा भी बढ़ा सकते हैं। इसका मतलब यह है कि आपको हर दिन लगभग दो घंटे का अतिरिक्त समय मिल जाएगा।

रात को ही अगले दिन की कार्य-सूची बना लें। इस सूची में हर वह काम लिख लें, जिसे आप अब तक पूरा नहीं कर पाए हैं। इसके अलावा, वे काम भी लिख लें, जो आपको अगले दिन करने हैं। एक रात पहले सूची बनाने से यह फ़ायदा होता है कि नींद में भी आपका अवचेतन मन इस सूची पर रात भर काम करता रहेगा। अक्सर सुबह जागने पर आपके मन में एक नया विचार आएगा, जिसकी बदौलत आप अपना काम अनुमान से ज़्यादा तेज़ी से और अच्छे ढंग से कर सकते हैं।

आप अपने हर काम की लिखित सूची बनाने में जितना ज़्यादा समय देंगे, उतने ही ज़्यादा असरदार और कार्यकुशल बनेंगे।

हर उद्देश्य के लिए अलग सूची

अलग-अलग उद्देश्यों के लिए अलग-अलग सूचियाँ बनानी चाहिए। सबसे पहले तो आपको एक *मास्टर लिस्ट* बनानी

चाहिए। इसमें मन में आने वाली हर वह चीज़ लिख लें, जिसे आप भविष्य में कभी करना चाहते हैं। यह वह जगह है, जहाँ आप आने वाले हर नए विचार, काम या ज़िम्मेदारी को लिखते हैं। ज़ाहिर है, बाद में आप इन कामों को व्यवस्थित भी करते हैं।

दूसरा, आपके पास एक *मासिक* सूची होनी चाहिए। हर महीने के अंत में आप अगले महीने की सूची बनाते हैं। इसमें आप अपनी मास्टर लिस्ट के काम शामिल कर सकते हैं।

तीसरा, आपके पास एक *साप्ताहिक सूची* भी होनी चाहिए। इसमें आप आने वाले पूरे हफ़्ते की योजना बनाते हैं। जैसे-जैसे आपका हफ़्ता गुज़रता है, इस सूची में फ़ेरबदल भी हो सकता है।

समय-नियोजन का अनुशासन आपके लिए काफ़ी मददगार हो सकता है। कई लोगों ने मुझे बताया है कि हर वीकएंड में दो घंटे तक अगले सप्ताह की योजना बनाने से उनकी उत्पादकता बहुत बढ़ गई और उनकी ज़िंदगी पूरी तरह बदल गई। यह तकनीक आपको भी इतना ही फ़ायदा पहुँचाएगी।

अंत में, आपको अपनी *दैनिक सूची* तैयार करनी चाहिए। इसमें आप मासिक और साप्ताहिक सूचियों के काम शामिल करते हैं। ये वे ख़ास काम हैं, जिन्हें आपको अगले दिन करना है।

दिन में जैसे-जैसे काम निबटते जाएँ, उन्हें सूची से काटते जाएँ। कटे हुए काम देखने से आपको अपनी कर्मठता और उपलब्धि की साफ़ तस्वीर दिखती है। इससे सफलता और प्रगति की भावना पैदा होती है। सूची में काम निबटते देख आपको प्रेरणा और ऊर्जा मिलती है। आपका आत्म-गौरव और आत्मसम्मान बढ़ता है। निरंतर होने और दिखने वाली प्रगति आपको आगे धकेलती है और टालमटोल छोड़ने के लिए प्रेरित करती है।

किसी प्रोजेक्ट की योजना बनाना

मान लें, आप कोई प्रोजेक्ट करने वाले हैं! शुरुआत सूची बनाने से करें। आपको प्रोजेक्ट पूरा करने के लिए शुरू से अंत तक क्या करना होगा, इसके हर क़दम की सूची बना लें। इन क़दमों को प्राथमिकता और क्रम के आधार पर जमा लें। प्रोजेक्ट काग़ज़ या कंप्यूटर पर बनाएँ, ताकि आपको हर क़दम और काम साफ़ दिखे। फिर एक बार में एक काम पर मेहनत करने में जुट जाएँ। इस तरीक़े से आप इतना ज़्यादा काम कर लेंगे कि ख़ुद हैरान रह जाएँगे।

सूचियाँ बनाकर काम करने से आप ज़्यादा असरदार और कार्यकुशल महसूस करेंगे। आपको अपने जीवन पर ज़्यादा नियंत्रण महसूस होगा। आप स्वाभाविक रूप से और ज़्यादा काम करने के लिए प्रेरित होंगे। आप ज़्यादा रचनात्मकता से सोचेंगे और आपको बेहतर ज्ञान मिलेगा, जिसकी बदौलत आप और भी ज़्यादा तेज़ी से काम कर पाएँगे।

सूचियाँ बनाकर उनके हिसाब से निरंतर काम करने से आपको सकारात्मक प्रगति का एहसास होगा। इसकी बदौलत टालमटोल की बुरी आदत छूट जाएगी। प्रगति का यह एहसास आपको ज़्यादा ऊर्जा देता है और दिन भर तरक़्क़ी की राह पर चलाता रहता है।

10/90 का नियम व्यक्तिगत प्रभाव का महत्वपूर्ण नियम है। यह नियम कहता है कि शुरू करने से पहले ही काम की योजना बनाने और व्यवस्थित करने में आप जो शुरुआती 10 प्रतिशत समय लगाते हैं, उससे बाद काम करते वक़्त आपका 90 प्रतिशत समय बचेगा। बस इस नियम को एक बार आज़माकर देख लें। आप ख़ुद ही इसका लोहा मान लेंगे!

जब आप हर दिन की योजना पहले से ही बना लेते हैं, तो आगे बढ़ना और लगातार बढ़ना ज़्यादा आसान हो जाएगा। काम पहले से ज़्यादा तेज़ी से और सुचारू ढंग से होगा। आप ज़्यादा शक्तिशाली और सक्षम महसूस करेंगे। आप अनुमान से कहीं ज़्यादा तेज़ी से ज़्यादा काम निबटा पाएँगे। अंततः आपको *कोई नहीं रोक* पाएगा।

हर सुबह एक मेंढक निगल लें !

1. अगले दिन, सप्ताह और महीने की योजना पहले से बना लें - आज ही। नोटपैड या काग़ज़ लें (या फिर पीडीए या ब्लैकबेरी का इस्तेमाल करें)। हर उस काम की सूची बना लें, जो आपको अगले चौबीस घंटों में करने हैं। इसमें सामने आने वाले नए काम भी जोड़ लें। अपने भविष्य के लिए महत्वपूर्ण प्रोजेक्ट्स और मल्टी - टास्क कामों को भी इसमें शामिल करें।

2. अपने सभी प्रमुख लक्ष्यों, प्रोजेक्ट्स या कामों को प्राथमिकता - सबसे महत्वपूर्ण क्या है - के आधार पर लिख लें। इसके बाद उन्हें क्रम में जमा लें - कौन सा काम सबसे पहले करना है, कौन सा दूसरे नंबर पर और इसी तरह। अंत को ध्यान में रखकर शुरू करें और वहाँ से पीछे चलकर वर्तमान बिंदु तक आएँ।

काग़ज़ पर सोचें! हमेशा सूची बनाकर काम करें। इससे आपकी उपलब्धि का स्तर इतना बढ़ जाएगा और आपके लिए मेंढक खाना इतना आसान हो जाएगा कि आप ख़ुद हैरान रह जाएँगे।

3 हर चीज़ पर 80/20 का नियम लागू करें

हमारे पास हमेशा पर्याप्त समय रहता है,
बशर्ते हम उसका सही इस्तेमाल करें।
जोहानन वॉल्फ़गैंग वॉन गेटे

80/20 का नियम समय और जीवन प्रबंधन के लिए एक बड़ा ही सहायक विचार है। इसे "पैरेटो सिद्धांत" भी कहा जाता है, क्योंकि इतालवी अर्थशास्त्री विल्फ्रेडो पैरेटो ने ही सबसे पहले 1895 में इसके बारे में लिखा था। पैरेटो ने ग़ौर किया कि उनके समाज में लोग स्वाभाविक रूप से दो धड़ों में विभाजित हैं। एक धड़ा था, "महत्वपूर्ण अल्पमत" (vital few), जो पैसे और प्रभाव के संदर्भ में शीर्षस्थ 20 प्रतिशत में आते थे। दूसरा था, "तुच्छ बहुमत" (trivial many), जो निचले 80 प्रतिशत में आते थे।

बाद में उन्हें पता चला कि यही सिद्धांत लगभग सारी आर्थिक गतिविधियों की बुनियाद भी है। मिसाल के तौर पर, यह सिद्धांत कहता है कि आपकी 20 प्रतिशत गतिविधियाँ 80 प्रतिशत परिणाम देंगी, आपके 20 प्रतिशत ग्राहक 80 प्रतिशत बिक्री करवाएँगे, आपके 20 प्रतिशत प्रॉडक्ट्स 80 प्रतिशत मुनाफ़ा दिलाएँगे, आपके 20 प्रतिशत काम 80 प्रतिशत मूल्य बढ़ाएँगे आदि। इसका मतलब ये है कि अगर आपकी सूची में कुल 10 काम हैं, तो उनमें से दो काम बाक़ी

सबसे पाँच-दस गुना ज़्यादा मूल्यवान होंगे।

कामों की संख्या बनाम उनका महत्त्व

यहाँ मैं एक दिलचस्प खोज के बारे में बताना चाहता हूँ। दस कामों में से हर एक को पूरा करने में समान समय लगता है। लेकिन उनमें से एक-दो काम बाक़ी किसी भी काम की तुलना में पाँच-दस गुना ज़्यादा मूल्य का योगदान देंगे।

अक्सर, दस कामों की सूची का एक काम बाक़ी नौ से ज़्यादा मूल्यवान हो सकता है। ये काम ही वह मेंढक है, जिसे आपको हमेशा सबसे पहले निगल लेना चाहिए।

क्या आप अंदाज़ा लगा सकते हैं कि आम आदमी अक्सर किस काम में सबसे ज़्यादा टालमटोल करता है ? दुखद सच्चाई यह है कि ज़्यादातर लोग उन शीर्षस्थ 10-20 प्रतिशत कामों में टालमटोल करते हैं, जो सबसे मूल्यवान और महत्त्वपूर्ण होते हैं - "महत्त्वपूर्ण अल्पमत।" इसके बजाय वे न्यूनतम महत्त्व के 80 प्रतिशत कामों - "तुच्छ बहुमत" - में व्यस्त रहते हैं, जो परिणामों में बहुत कम योगदान देते हैं।

उपलब्धियों पर नहीं, गतिविधियों पर ध्यान केंद्रित करें

आप ऐसे लोगों को अक्सर देखते हैं, जो दिन भर व्यस्त नज़र आते हैं, लेकिन इसके बावजूद बहुत कम हासिल कर पाते हैं। कारण स्पष्ट है। वे ऐसे काम करने में व्यस्त रहते हैं, जिनका मूल्य कम होता है। इस दौरान वे उन एक-दो कामों में टालमटोल करते हैं, जिन्हें अगर जल्द से जल्द और

अच्छी तरह पूरा कर लिया जाए, तो इससे उनकी कंपनियों और कैरियर में सच्चा फ़र्क़ पड़ सकता है।

दिन के सबसे मूल्यवान काम अक्सर सबसे मुश्किल और जटिल होते हैं। लेकिन इन्हें कुशलता से पूरा करने के पुरस्कार और फ़ायदे भी ज़बर्दस्त होते हैं। इसलिए आपको यह संकल्प लेना चाहिए कि निचले 80 प्रतिशत काम तब तक नहीं करेंगे, जब तक कि शीर्षस्थ 20 प्रतिशत काम बचे हों।

काम शुरू करने से पहले हमेशा ख़ुद से पूछें, "यह मेरे शीर्षस्थ 20 प्रतिशत कामों में आता है या फिर निचले 80 प्रतिशत में ?"

नियम : छोटे कामों को सबसे पहले निबटाने के प्रलोभन से बचें

याद रखें, आप बार-बार जो भी करने का विकल्प चुनते हैं, वह अंत में एक आदत बन जाता है, जिसे छोड़ना मुश्किल होता है। अगर आप अपना दिन महत्वहीन कामों से शुरू करने का विकल्प चुनते हैं, तो जल्दी ही आपको हमेशा महत्वहीन कामों से दिन शुरू करने की आदत पड़ जाएगी। यह ऐसी आदत नहीं है, जिसे डालना या क़ायम रखना चाहिए।

किसी महत्वपूर्ण काम को शुरू करना, उसका सबसे मुश्किल हिस्सा होता है। एक बार जब आप कोई सचमुच मूल्यवान काम शुरू कर देते हैं, तो स्वाभाविक रूप से आपको आगे काम करते रहने की प्रेरणा मिलेगी। आपके दिमाग़ का एक हिस्सा उन महत्वपूर्ण कामों में व्यस्त रहना चाहता है, जिनसे सचमुच फ़र्क़ पड़ता है। अपने दिमाग़ के इस हिस्से को लगातार पोषण देते रहें।

खुद को प्रेरित करें

किसी महत्वपूर्ण काम को शुरू और पूरा करने के बारे में *सोचने* भर से ही आप प्रेरित हो जाते हैं। इससे आपको टालमटोल छोड़ने में मदद मिलती है। सच तो यह है कि किसी महत्वपूर्ण काम को पूरा करने के लिए भी अक्सर उतने ही समय की ज़रूरत होती है, जितनी कि महत्वहीन काम को करने के लिए। फ़र्क़ यह है कि महत्वपूर्ण काम पूरा करने के बाद आपको गर्व और संतुष्टि का ज़बर्दस्त एहसास होता है। बहरहाल, जब आप उतना ही समय और ऊर्जा ख़र्च करके कोई मूल्यहीन या महत्वहीन काम पूरा करते हैं, तो आपको बहुत कम संतुष्टि मिलती है या ज़रा भी नहीं मिलती।

समय का प्रबंधन (time management) वास्तव में जीवन का प्रबंधन है, स्वयं का प्रबंधन है। यह दरअसल घटनाओं के क्रम को नियंत्रित करना है। समय प्रबंधन का अर्थ है, इस बात पर नियंत्रण करना कि आप अगला काम कौन सा करेंगे। और आप हमेशा अपना अगला काम चुनने के लिए स्वतंत्र होते हैं। महत्वपूर्ण और महत्वहीन के बीच विकल्प चुनने की आपकी क़ाबिलियत ज़िंदगी और काम-धंधे में आपकी सफलता तय करने वाली अहम कुंजी है।

असरदार और उत्पादक लोग ख़ुद को इस बात के लिए अनुशासित कर लेते हैं कि वे सबसे महत्वपूर्ण काम से ही शुरुआत करें। वे उस मेंढक को निगलने के लिए ख़ुद को मजबूर करते हैं, चाहे वह जो भी हो। नतीजा यह होता है कि वे आम आदमी से कहीं ज़्यादा हासिल करते हैं और ज़्यादा ख़ुश भी रहते हैं। काम करने का ये तरीक़ा आपको भी अपनाना चाहिए।

हर सुबह एक मेंढक निगल लें

1. जीवन में अपने सभी वर्तमान प्रमुख लक्ष्यों, गतिविधियों, प्रोजेक्ट्स और ज़िम्मेदारियों की सूची बना लें। उनमें से कौन से शीर्षस्थ 10 – 20 प्रतिशत कामों की श्रेणी में आते हैं, जिनसे आपको 80 – 90 प्रतिशत परिणाम मिल सकते हैं ?

2. आज ही संकल्प करें कि आप कम महत्व की गतिविधियों में कम समय देंगे और अपना ज़्यादातर समय उन चुनिंदा कामों में ही लगाएँगे, जिनसे आपकी ज़िंदगी और कैरियर में सचमुच फ़र्क़ पड़ेगा।

4 परिणामों पर विचार करें

हर महान व्यक्ति उसी अनुपात में महान बना है और हर सफल व्यक्ति उसी अनुपात में सफल हुआ है, जिस अनुपात में उसने अपनी शक्तियाँ एक ख़ास क्षेत्र में सीमित की हैं।

ऑरिसन स्वेट मार्डन

श्रेष्ठ चिंतक की निशानी यह है कि उसमें कोई काम करने या न करने के परिणामों की सटीक भविष्यवाणी करने की क़ाबिलियत होती है। किसी काम या गतिविधि के संभावित परिणाम से ही यह तय होगा कि कोई काम आपके और आपकी कंपनी के लिए कितना महत्वपूर्ण है। किसी काम का महत्व आँकने के इस तरीक़े से ही आप यह तय करते हैं कि आपका अगला मेंढक दरअसल कौन सा है।

हार्वर्ड यूनिवर्सिटी के डॉ. एडवर्ड बैनफ़ील्ड पचास वर्षों के शोध के बाद इस नतीजे पर पहुँचे कि "दीर्घकालीन नज़रिया" अमेरिका में सामाजिक और आर्थिक तरक़्क़ी का सबसे सटीक सूचक है। दीर्घकालीन नज़रिया ज़िंदगी और काम-धंधे में आपकी सफलता को जितना तय करता है, उतना पारिवारिक पृष्ठभूमि, शिक्षा, जाति, बुद्धि, संपर्क या कोई अन्य तत्व नहीं करता।

समय के प्रति आपके नज़रिए और "समय की सीमा" का आपके व्यवहार और विकल्प चयन पर बहुत असर पड़ता

है। जो लोग अपनी ज़िंदगी और कैरियर के बारे में दीर्घकालीन नज़रिया रखते हैं, वे हमेशा अपने समय और कामों के बारे में उन लोगों से बेहतर निर्णय लेते हैं, जो भविष्य के बारे में बहुत कम सोचते हैं।

नियम : दीर्घकालीन सोच से अल्पकालीन निर्णय शक्ति बेहतर बनती है।

सफल लोग स्पष्टतः *भविष्य-केंद्रित* होते हैं। वे पाँच, दस या बीस साल आगे की सोचते हैं। वे वर्तमान में अपने विकल्पों और व्यवहार का विश्लेषण करके यह निश्चित करते हैं कि वे आज जो कर रहे हैं, वह उनके मनचाहे दीर्घकालीन भविष्य के तालमेल में ही हो।

समय के संदर्भ में बेहतर निर्णय लें

कामकाज के संदर्भ में दीर्घकाल में आपके लिए सचमुच महत्वपूर्ण क्या है, आपके दिमाग़ में इस बात का स्पष्ट विचार होना बहुत आवश्यक है। इससे अल्पकाल में अपनी प्राथमिकताओं के बारे में बेहतर निर्णय लेना ज़्यादा आसान हो जाता है।

देखिए, जो भी चीज़ महत्वपूर्ण है, उसके दीर्घकालीन संभावित परिणाम होते हैं। जो चीज़ महत्वहीन है, उसके दीर्घकालीन संभावित परिणाम बहुत कम होते हैं या बिलकुल भी नहीं होते। हर काम शुरू करने से पहले आपको हमेशा ख़ुद से पूछना चाहिए, *"यह काम करने या न करने के संभावित परिणाम क्या हैं?"*

नियम : आपके इरादे वर्तमान कामों पर असर डालते हैं और अक्सर उन्हें तय भी करते हैं।

इरादे जितने स्पष्ट होंगे, आपको उतना ही स्पष्ट पता होगा कि आपको इस पल क्या करना है। स्पष्ट दीर्घकालीन भविष्य-दृष्टि होने पर आप अपने वर्तमान कार्यों का बेहतर मूल्यांकन कर सकते हैं और यह जान सकते हैं कि वे वाक़ई उस लक्ष्य के तालमेल में हैं या नहीं, जहाँ आप अंत में पहुँचना चाहते हैं।

दीर्घकाल के बारे में सोचें

सफल लोग हमेशा वही होते हैं, जो भविष्य में ज़्यादा बड़े पुरस्कार पाने के लिए अल्पकालीन संतुष्टि में विलंब करने और त्याग करने के इच्छुक होते हैं। दूसरी ओर, असफल लोग अक्सर अल्पकालीन सुख और तात्कालिक संतुष्टि के बारे में ही सोचते हैं और भविष्य के बारे में बहुत कम विचार करते हैं।

प्रेरक वक्ता डेनिस वेटली कहते हैं, "पराजित लोग तनाव कम करने वाली मनोरंजक गतिविधियों के ज़रिये अपने डर और नीरस काम से पलायन करने की कोशिश करते हैं। दूसरी ओर, विजेता अपनी इच्छाओं से प्रेरित होकर हमेशा लक्ष्य तक पहुँचने वाले काम करते हैं।" मिसाल के तौर पर, जल्दी काम पर आने, अपने क्षेत्र के बारे में नियमित अध्ययन करने, अपनी योग्यताओं को बेहतर बनाने के लिए कोर्स करने और अपने कामकाज में ज़्यादा मूल्यवान कामों पर ध्यान केंद्रित करने से आपके भविष्य पर बहुत सकारात्मक असर होगा। दूसरी ओर, आख़िरी पल पर ऑफ़िस आना, अख़बार पढ़ना,

कॉफ़ी पीना और सहकर्मियों के साथ गप्पें लड़ाना अल्पकाल में तो मज़ेदार लग सकता है, लेकिन अंततः इससे दीर्घकाल में प्रमोशन नहीं मिलेगा, उपलब्धियों का स्तर कम रहेगा और कुंठा बढ़ेगी।

अगर किसी काम या गतिविधि के संभावित सकारात्मक परिणाम बहुत ज़्यादा हों, तो उसे सर्वोच्च प्राथमिकता दें और फ़ौरन शुरू कर दें। अगर किसी चीज़ को जल्दी और अच्छी तरह से न करने के संभावित नकारात्मक परिणाम बहुत ज़्यादा हों, तो उसे भी सर्वोच्च प्राथमिकता बनाया जा सकता है। आपका मेंढक जो भी हो, उसे सबसे पहले निगलने का संकल्प करें।

प्रेरणा के लिए *उद्देश्य* की ज़रूरत होती है। आपके किसी काम या व्यवहार का आपकी ज़िंदगी पर जितना ज़्यादा संभावित सकारात्मक असर होगा, टालमटोल छोड़ने और उसे फटाफट पूरा करने के लिए आप उतने ही ज़्यादा प्रेरित होंगे। शर्त सिर्फ़ इतनी है कि आपको पहले इसे सटीक रूप से तय करना होगा।

ख़ुद को एकाग्र और प्रगतिशील बनाए रखें। सिर्फ़ वही काम शुरू और पूरे करें, जिनसे आपकी कंपनी और आपके भविष्य पर काफ़ी फ़र्क़ पड़ सकता है।

समय तो वैसे भी गुज़रने वाला है। इकलौता सवाल यह है कि आप इसका कैसा इस्तेमाल करते हैं और हफ़्तों या महीनों बाद कहाँ पहुँचना चाहते हैं। और आप कहाँ पहुँचेंगे, यह काफ़ी हद तक इस बात से तय होगा कि आप अल्पकाल में अपने कामों के संभावित परिणामों पर कितना विचार करते हैं।

अपने विकल्पों, निर्णयों और व्यवहारों के संभावित परिणामों के बारे में लगातार सोचना काम-धंधे और निजी ज़िंदगी में सच्ची प्राथमिकताएँ तय करने का बेहतरीन तरीक़ा है।

बाध्यकारी कार्यकुशलता के नियम का पालन करें

बाध्यकारी कार्यकुशलता (forced efficiency) का नियम कहता है कि "हर काम करने के लिए कभी पर्याप्त समय नहीं होता, लेकिन सबसे महत्वपूर्ण काम करने के लिए पर्याप्त समय हमेशा रहता है।" दूसरे शब्दों में कहा जाए, तो आप तालाब के हर टैडपोल और मेंढक को तो नहीं निगल सकते, लेकिन आप सबसे बड़े और बदसूरत मेंढक को अवश्य निगल सकते हैं - और यह पर्याप्त है, कम से कम उस वक्त।

जब आपके पास समय कम हो और आप जानते हों कि किसी महत्वपूर्ण काम या प्रोजेक्ट को पूरा न कर पाने के वाक़ई गंभीर परिणाम हो सकते हैं, तो आप हमेशा उसे पूरा करने में कामयाब हो जाते हैं - अक्सर बिलकुल आख़िरी मिनट पर। आप जल्दी काम शुरू करते हैं और देर रात तक रुकते हैं। आप ख़ुद को काम पूरा करने के लिए प्रेरित करते हैं, क्योंकि आप समयसीमा के भीतर काम न करने के अप्रिय परिणामों का सामना नहीं करना चाहते।

नियम : आपको जो काम करने हैं, उन सबको करने के लिए आपके पास कभी पर्याप्त समय नहीं रहेगा।

आज बिज़नेस में आम कर्मचारी, ख़ास तौर पर छँटनी के युग में मैनेजर, 110 से 130 प्रतिशत क्षमता से काम

कर रहे हैं। कामों और ज़िम्मेदारियों का अंबार बढ़ता जा रहा है। हम सभी के पास उस सामग्री का ढेर लगा रहता है, जिसे हम पढ़ना चाहते हैं। एक हालिया अध्ययन का निष्कर्ष है कि औसत एक्ज़ीक्यूटिव के पास घर और ऑफ़िस में 300 से 400 घंटों तक का अध्ययन और प्रोजेक्ट्स अधूरे पड़े हैं।

डेडलाइन बहाना है

कई लोग कहते हैं कि वे डेडलाइन के दबाव में ज़्यादा अच्छा काम करते हैं। दुर्भाग्य से, बरसों के शोध से पता चलता है कि यह सच नहीं है।

डेडलाइन के दबाव में, जिसे अक्सर हम ख़ुद ही टालमटोल करके पैदा कर लेते हैं, लोग बहुत तनाव में रहते हैं, ज़्यादा ग़लतियाँ करते हैं और उन्हें दोबारा काम करना पड़ता है। जो कर्मचारी तनावपूर्ण डेडलाइन को पूरा करने के लिए हड़बड़ी में काम करते हैं, उनकी ग़लतियों से अक्सर प्रॉडक्ट या सेवा में दोष रह जाते हैं और लागत बढ़ जाती है, जिससे दीर्घकाल में काफ़ी आर्थिक नुक़सान होता है। जब लोग आख़िरी मिनट पर काम पूरा करने की जल्दबाज़ी में रहते हैं, तो दरअसल कई बार ज़्यादा समय लगता है, क्योंकि उन्हें इसे दोबारा करना पड़ता है।

इससे बेहतर तरीक़ा तो यह है कि आप पहले ही सावधानी से अपने समय की योजना बना लें और अप्रत्याशित विलंब और व्यवधानों के लिए काफ़ी जगह रखें। आपके हिसाब से किसी काम में जितना समय लगने की उम्मीद हो, उसमें लगभग 20 प्रतिशत समय और जोड़ दें। या फिर डेडलाइन

से पहले काम पूरा करने का खेल खेलें। इससे आप इतने शांत रहेंगे और इतना अच्छा काम करेंगे कि आप ख़ुद हैरान रह जाएँगे।

अधिकतम उत्पादकता के तीन सवाल

अपने सबसे महत्वपूर्ण काम निश्चित समयसीमा के भीतर पूरे करने के लिए आप इन तीन सवालों का इस्तेमाल कर सकते हैं। पहला सवाल है, *"मेरी सर्वोच्च मूल्य वाली गतिविधियाँ कौन सी हैं?"* यानी वे सबसे बड़े मेंढक कौन से हैं, जिन्हें निगलकर आप अपनी कंपनी के प्रति सबसे बड़ा योगदान देंगे? अपने परिवार के प्रति? कुल मिलाकर अपनी ज़िंदगी के प्रति?

पूछने और जवाब देने के लिए यह बड़ा ही अहम सवाल है। आपकी सर्वोच्च मूल्यवान गतिविधियाँ कौन सी हैं? सबसे पहले तो ख़ुद ही इस पर विचार करें। फिर अपने बॉस से पूछें। अपने सहकर्मियों और अधीनस्थों से पूछें। अपने दोस्तों और परिवार वालों से पूछें। कैमरे का लेंस फ़ोकस करने की तरह ही आपको भी काम शुरू करने से पहले अपनी सर्वोच्च मूल्य वाली गतिविधियों को बिलकुल स्पष्ट कर लेना चाहिए।

आप जो दूसरा सवाल लगातार पूछ सकते हैं, वह यह है, *"कौन सा काम मैं, और सिर्फ़ मैं ही, कर सकता हूँ, जिसे अच्छी तरह करने से वाक़ई फ़र्क़ पड़ेगा?"* यह सवाल मैंने मैनेजमेंट गुरु पीटर ड्रकर से लिया है। व्यक्तिगत प्रभावकारिता हासिल करने के लिए यह एक बेहतरीन सवाल है। कौन सा काम आप, और सिर्फ़ आप ही कर सकते हैं, जिसे अच्छी तरह करने से वाक़ई फ़र्क़ पड़ सकता है?

यह ऐसा काम है, जिसे सिर्फ़ आप कर सकते हैं। अगर आप उसे नहीं करेंगे, तो और कोई भी नहीं कर पाएगा। लेकिन अगर आप उसे कर देते हैं और अच्छी तरह कर देते हैं, तो उससे आपकी ज़िंदगी और कैरियर पर वाक़ई फ़र्क़ पड़ सकता है। आपका वह ख़ास मेंढक कौन सा है?

हर दिन, हर घंटे ख़ुद से ये सवाल पूछते रहें और सटीक जवाब सोचते रहें। आपका काम है बिलकुल स्पष्ट जवाब सोचना। फिर उस काम को दूसरे कामों में हाथ डालने से पहले शुरू करें और पूरा करें।

आप जो तीसरा सवाल पूछ सकते हैं, वह है, *"इस पल मेरे समय का सबसे मूल्यवान उपयोग क्या है?"* दूसरे शब्दों में, *"इस पल* मेरा सबसे बड़ा मेंढक कौन सा है?"

यह समय प्रबंधन का बुनियादी सवाल है। इस सवाल का सही जवाब देना टालमटोल छोड़ने और बहुत उत्पादक बनने की कुंजी है। हर दिन, हर घंटे, हर पल आप अपने समय का सदुपयोग करके सबसे मूल्यवान काम कर सकते हैं। आपका काम है ख़ुद से यह सवाल बार-बार पूछना और फिर जवाब के अनुसार काम करना, चाहे यह जो भी हो।

पहली चीज़ें पहले करें और दूसरी चीज़ें क़तई न करें। जैसा कि गेटे ने कहा था, *"जो चीज़ें सबसे महत्वपूर्ण हैं, उन्हें उन चीज़ों के रहमोकरम पर नहीं छोड़ना चाहिए, जो सबसे कम महत्वपूर्ण हैं।"*

इन तीन सवालों के आपके जवाब जितने सटीक होंगे, आपके लिए स्पष्ट प्राथमिकताएँ तय करना, टालमटोल छोड़ना और उस एक काम को शुरू करना ज़्यादा आसान होगा, जो आपके समय का सबसे मूल्यवान इस्तेमाल साबित होगा।

हर सुबह एक मेंढक निगल लें !

1. नियमित रूप से अपने कामों, गतिविधियों और प्रोजेक्ट्स की सूची की समीक्षा करें। ख़ुद से लगातार पूछते रहें, "वह कौन सा एक प्रोजेक्ट या काम है, जिसे अगर मैं उत्कृष्ट ढंग से समयसीमा में निबटा दूँ, तो मेरे काम-धंधे या निजी ज़िंदगी में सबसे ज़्यादा सकारात्मक परिणाम हासिल होंगे ?"

2. हर दिन, हर घंटे वह सबसे महत्वपूर्ण काम तय करें, जिसे आप उस वक़्त कर सकते हैं। फिर अपने समय के सबसे मूल्यवान इस्तेमाल के लिए ख़ुद को अनुशासित करें। इस वक़्त आपका सबसे महत्वपूर्ण काम क्या है ?

आपके लिए जो भी काम सबसे ज़्यादा महत्वपूर्ण हो, उसका लक्ष्य बना लें। फिर उसे हासिल करने की योजना बनाएँ और फ़ौरन अपनी योजना पर अमल करने लगें। गेटे के अद्भुत शब्द याद रखें, "जुटने से ही दिमाग़ की अँगीठी जलती है। शुरू कर दें; काम पूरा हो जाएगा।"

5 रचनात्मक टालमटोल का अभ्यास करें

हर दिन बड़े काम पूरे करने का समय निकालें। हर दिन के कामों की योजना पहले से बनाएँ। सिर्फ़ वे छोटे काम ही पहले करें, जिन्हें सुबह तत्काल निबटाना ज़रूरी हो। फिर सीधे बड़े कामों की ओर बढ़ें और उन्हें पूरा करने में जुट जाएँ।

बोर्डरूम रिपोर्ट्स

रचनात्मक टालमटोल व्यक्तिगत प्रदर्शन की बड़ी ही असरदार तकनीक है। यह आपकी ज़िंदगी बदल सकती है।

सच तो यह है कि आप जितनी चीज़ें करना चाहते हैं, वे सभी नहीं कर सकते। *किसी न किसी चीज़* में तो टालमटोल होगा ही। इसलिए बेहतर यही है कि छोटे कामों में टालमटोल करें। छोटे या कम बदसूरत मेंढकों को बाद में निगलने का फ़ैसला करें। सबसे पहले सबसे बड़े और सबसे बदसूरत मेंढक को निगलें। सबसे पहले सबसे बुरी चीज़ करें!

हर इंसान टालमटोल करता है। ज़बर्दस्त प्रदर्शन और औसत प्रदर्शन करने वालों के बीच फ़र्क़ काफ़ी हद तक इस बात से तय होता है कि वे किस काम में टालमटोल करने का विकल्प चुनते हैं।

चूँकि आपको हर हाल में टालमटोल करना ही है, इसलिए आज ही कम मूल्यवान गतिविधियों में टालमटोल करने का फ़ैसला करें। जो गतिविधियाँ आपकी ज़िंदगी में ख़ास महत्वपूर्ण योगदान नहीं देती, उनमें टालमटोल करें, आउटसोर्स करें, किसी दूसरे को सौंपें या बस छोड़ दें। टैडपोलों से पीछा छुड़ाएँ और मेंढकों पर ध्यान केंद्रित करें।

प्राथमिकता बनाम गौणता

यहाँ एक अहम बात है। सही प्राथमिकताएँ (priorities) तय करने के लिए आपको गौणताएँ (posteriorities) भी तय करनी होंगी। प्राथमिकता वह चीज़ है, जिसे आप ज़्यादा से ज़्यादा और जल्द से जल्द करते हैं, जबकि गौणता वह चीज़ है, जिसे आप कम से कम करते हैं और सबसे अंत में करते हैं।

नियम : आप अपने समय और ज़िंदगी पर सिर्फ़ उसी हद तक क़ाबू कर सकते हैं, जिस हद तक आप कम मूल्य की गतिविधियों को छोड़ते हैं।

समय प्रबंधन के क्षेत्र में शायद सबसे शक्तिशाली शब्द है *नहीं!* इसे विनम्रता से कहें, लेकिन स्पष्टता से कहें, ताकि ग़लतफ़हमी की कोई गुंजाइश न रह जाए। इसे नियमित रूप से कहते रहें और अपनी समय प्रबंधन शब्दावली का सामान्य हिस्सा बना लें।

जो भी काम आपके समय और ज़िंदगी का मूल्यवान इस्तेमाल न हो, उसके लिए साफ़ इंकार कर दें। शालीनता से, लेकिन दृढ़ता से मना करें, ताकि कोई आपसे जबरन काम करवाने की कोशिश ही न करें। इसे फ़ौरन कह दें और

बार-बार कहते रहें। हमेशा याद रखें, आपके पास ख़ाली समय नहीं है। जैसा कि कहा जाता है, "आपका डांस कार्ड भरा हुआ है।"

कोई नया काम करने के लिए आपको कोई पुराना काम निबटाना या छोड़ना होगा। अंदर आने का मतलब है बाहर जाना। ऊपर उठाने का मतलब है नीचे रखना।

रचनात्मक टालमटोल का मतलब सीधा सा है, सोच-विचार कर और जान-बूझकर उन कामों को तय करना, जिन्हें आप इस वक़्त या कभी नहीं करेंगे।

जान-बूझकर टालमटोल करें

ज़्यादातर लोग *अनजाने* में ही टालमटोल करते रहते हैं। वे उस बारे में सोचे बिना ही टालमटोल करने लगते हैं। नतीजा यह होता है कि वे उन बड़े, मूल्यवान और बेहद महत्वपूर्ण कामों में टालमटोल कर बैठते हैं, जिनका उनकी ज़िंदगी और कैरियर पर काफ़ी अहम दीर्घकालीन असर हो सकता है। आपको हर हाल में इस आम आदत से बचना होगा।

आपको कम मूल्य वाले कामों में जान-बूझकर टालमटोल करना है, ताकि आपको उन कामों के लिए ज़्यादा समय मिल सके, जो आपकी ज़िंदगी और काम-धंधे में काफ़ी बड़ा फ़र्क़ डाल सकते हैं। अपने कर्तव्यों और ज़िम्मेदारियों की लगातार समीक्षा करें। उन समयसाध्य कामों और गतिविधियों का पता लगाएँ, जिन्हें आप बिना किसी नुक़सान के छोड़ सकते हैं। यह आपकी सतत् ज़िम्मेदारी है, जो कभी ख़त्म नहीं होती।

मिसाल के तौर पर, मेरा एक अविवाहित दोस्त गोल्फ़ का दीवाना था। वह हफ़्ते में तीन-चार बार गोल्फ़ खेलना पसंद करता था - हर बार तीन-चार घंटे। कुछ समय बाद उसने अपना बिज़नेस शुरू किया, उसकी शादी हुई और दो बच्चे भी हो गए। लेकिन इसके बावजूद वह हर हफ़्ते तीन-चार बार गोल्फ़ खेलता रहा, जब तक कि उसे यह एहसास नहीं हुआ कि गोल्फ़ में समय लगने की वजह से घर और ऑफ़िस में बहुत ज़्यादा तनाव हो रहा है। अपने ज़्यादातर गोल्फ़ मैचों को छोड़ने पर ही वह अपनी ज़िंदगी पर क़ाबू कर पाया।

वे गौण गतिविधियाँ कम करें, जिनमें समय लगता है

अपने कामकाज और ज़िंदगी की लगातार समीक्षा करके उन समयसाध्य कामों और गतिविधियों को खोजें, जिन्हें आप छोड़ सकते हैं। टीवी देखना कम कर दें। इसके बजाय परिवार के साथ समय बिताएँ, पढ़ें, व्यायाम करें या कोई दूसरी चीज़ करें, जिससे आपके जीवन की गुणवत्ता बढ़े।

अपने कामकाज की गतिविधियों पर ग़ौर करके उन कामों को पहचानें, जिन्हें आप किसी दूसरे को सौंप सकते हैं या एकदम छोड़ सकते हैं। इस तरह आप उन कामों के लिए ख़ाली समय निकाल लेते हैं, जो वाक़ई महत्वपूर्ण हैं। आज ही रचनात्मक टालमटोल का अभ्यास शुरू कर दें। जहाँ भी और जब भी कर सकें, गौणताएँ तय कर लें। सिर्फ़ ये निर्णय कर लेने से ही आप अपने समय और ज़िंदगी पर क़ाबू पा सकते हैं।

हर सुबह एक मेंढक निगल लें!

1. ज़िंदगी के हर हिस्से में "शून्य-आधारित सोच" (zero-based thinking) का अभ्यास करें। ख़ुद से लगातार पूछें, "अगर मैं यह पहले से नहीं कर रहा होता, तो अपने वर्तमान ज्ञान के आधार पर क्या मैं आज इसे दोबारा शुरू करता?" अगर यह ऐसी चीज़ है, जिसे आप वर्तमान ज्ञान के साथ आज दोबारा शुरू नहीं करेंगे, तो यह छोड़ने या रचनात्मक टालमटोल के लिए बेहतरीन उम्मीदवार है।

2. अपनी निजी ज़िंदगी और कामकाज की हर गतिविधि की जाँच करें। फिर अपनी वर्तमान स्थिति के आधार पर हर गतिविधि का मूल्यांकन करें। कम से कम एक गतिविधि चुन लें, जिसे आप फ़ौरन छोड़ देंगे या कम से कम तब तक टाल देंगे, जब तक कि आपके सबसे महत्वपूर्ण लक्ष्य हासिल नहीं हो जाते।

6 एबीसीडीई तकनीक का लगातार इस्तेमाल करें

सफलता का पहला नियम है एकाग्रता – सारी ऊर्जा को एक बिंदु पर केंद्रित करना और दाएँ–बाएँ देखे बिना सीधे उस बिंदु तक जाना।

विलियम मैथ्यूज़

काम शुरू करने से पहले आप नियोजन और प्राथमिकताएँ तय करने के बारे में जितना सोच–विचार करेंगे, आप उतने ही ज़्यादा महत्वपूर्ण काम करेंगे और उतनी ही ज़्यादा तेज़ी से करेंगे। कोई काम आपके लिए जितना महत्वपूर्ण और मूल्यवान होता है, आप टालमटोल छोड़ने और उस काम में जुटने के लिए उतने ही ज़्यादा प्रेरित होते हैं।

एबीसीडीई तकनीक प्राथमिकताएँ तय करने की शक्तिशाली तकनीक है। आपको हर दिन इसका इस्तेमाल करना चाहिए। यह तकनीक इतनी सरल और असरदार है कि यह अकेली ही आपको अपने क्षेत्र के सबसे कार्यकुशल और प्रभावी लोगों में से एक बना सकती है।

काग़ज़ पर सोचें

इस तकनीक की शक्ति इसकी सरलता है। यह इस तरह

काम करती हैः आपको अगले दिन जो काम करने हैं, उन सभी की सूची बना लें। काग़ज़ पर सोचें।

फिर पहला काम शुरू करने से पहले अपनी सूची के हर काम के आगे ए, बी, सी, डी या ई लिख लें।

"ए" काम वह है, जो बहुत महत्वपूर्ण है। इसे आपको करना ही होगा। यह एक ऐसा काम है, जिसे करने के गंभीर सकारात्मक परिणाम होंगे। या फिर यह एक ऐसा काम है, जिसे नहीं करने के भी गंभीर नकारात्मक परिणाम होंगे। मसलन, किसी प्रमुख ग्राहक से मिलने जाना या ऐसी रिपोर्ट पूरी करना, जिसकी ज़रूरत आपके बॉस को अगली बोर्ड मीटिंग के लिए है। ये काम आपकी ज़िंदगी के महत्वपूर्ण मेंढक हैं।

अगर आपके पास एक से ज़्यादा *ए* काम हैं, तो आप इन कामों के सामने "ए-1," "ए-2," "ए-3" आदि लिखकर प्राथमिकता तय करते हैं। आपका ए-1 काम आपका सबसे बड़ा, सबसे बदसूरत मेंढक है।

"चाहिए" बनाम "अनिवार्य"

"बी" काम की परिभाषा यह है कि आपको इसे *करना चाहिए*। लेकिन इसके सिर्फ़ छुटपुट परिणाम ही होते हैं। ये आपकी कामकाजी ज़िंदगी के टैडपोल्स हैं। इसका मतलब है कि अगर आप यह काम नहीं करते हैं, तो कोई नाख़ुश हो सकता है या किसी को असुविधा हो सकती है, लेकिन यह *ए* काम जितना महत्वपूर्ण क़तई नहीं है। किसी महत्वहीन टेलीफ़ोन संदेश का जवाब देना या अपना ई-मेल इनबॉक्स चेक करना बी काम की श्रेणी में आता है।

नियम यह है कि जब तक आपका *ए* काम अधूरा हो, तब तक आपको कभी *बी* काम नहीं करना चाहिए। आपको कभी टैडपोल के चक्कर में नहीं पड़ना चाहिए, जबकि बड़ा मेंढक निगले जाने का इंतज़ार कर रहा हो।

"सी" काम वह है, जिसे करना अच्छा तो है, लेकिन जिसे करने या न करने के कोई परिणाम नहीं होंगे। सी कामों में किसी दोस्त को फ़ोन करना, किसी सहकर्मी के साथ कॉफ़ी या लंच लेना और ऑफ़िस के समय में कुछ व्यक्तिगत काम निबटाना शामिल है। इस तरह के काम आपकी कामकाजी ज़िंदगी पर ज़रा भी असर नहीं डालते।

"डी" काम वह है, जिसे आप किसी दूसरे को *सौंप* सकते हैं। नियम यह है कि आप हर वह चीज़ दूसरों को सौंप दें, जिसे कोई और कर सकता है, ताकि आपके पास ए काम करने के लिए ज़्यादा वक़्त रहे, जिन्हें सिर्फ़ आप ही कर सकते हैं।

"ई" काम वह है, जिसे आप पूरी तरह से *छोड़* सकते हैं और जिससे कोई फ़र्क़ नहीं पड़ने वाला। यह ऐसा काम हो सकता है, जो किसी वक़्त महत्वपूर्ण रहा हो, लेकिन अब आपके या किसी दूसरे के लिए प्रासंगिक नहीं है। अक्सर यह ऐसी चीज़ होती है, जिसे आप सिर्फ़ आदत के कारण जारी रखते हैं या इसलिए, क्योंकि आपको उसे करने में मज़ा आता है। लेकिन ई काम में आप जो भी समय लगाते हैं, उसका हर मिनट उस काम या गतिविधि से चुराया जाता है, जिसका आपकी ज़िंदगी पर असल फ़र्क़ पड़ सकता है।

जब आप अपनी सूची में एबीसीडीई तकनीक लागू कर लेंगे, तो आप पूरी तरह से व्यवस्थित हो जाएँगे और ज़्यादा महत्वपूर्ण काम करने के लिए ज़्यादा तेज़ी से तैयार हो जाएँगे।

तत्काल कर्म करें

एबीसीडीई विधि को कारगर बनाने की कुंजी यह है कि आपको इतना अनुशासित होना होगा कि आप अपने ए-1 काम से फ़ौरन शुरुआत कर दें और फिर उसे तब तक करते रहें, जब तक कि वह पूरा न हो जाए। उस एक काम को करते रहने और उसी में जुटे रहने के लिए अपनी पूरी इच्छाशक्ति का इस्तेमाल करें। उस सबसे महत्वपूर्ण एक काम में जुट जाएँ, जिसे आप इस वक़्त कर सकते हैं। पूरा मेंढक निगल लें और तब तक न रुकें, जब तक कि वह पूरा ख़त्म न हो जाए।

अपने काम की सूची के बारे में सोचने व उसका विश्लेषण करने की आपकी योग्यता और अपने ए-1 काम को तय करने की आपकी क़ाबिलियत उपलब्धि, बेहतर आत्म-गौरव, आत्मसम्मान और व्यक्तिगत गर्व के ज़्यादा ऊँचे स्तरों का स्प्रिंगबोर्ड है। जब आप अपने ए-1, सबसे महत्वपूर्ण काम - अपना मेंढक खाने - पर ध्यान केंद्रित करने की आदत डाल लेते हैं, तो आप अपने आस-पास के दो-तीन लोगों के कुल काम से भी ज़्यादा काम करने लगेंगे।

हर सुबह एक मेंढक निगल लें !

1. इस वक़्त अपने कामों की सूची की समीक्षा करें और हर काम के सामने ए, बी, सी, डी या ई लिख लें। अपना ए–1 काम या प्रोजेक्ट चुनें और उसे फ़ौरन शुरू कर दें। ख़ुद को अनुशासित करें कि जब तक यह एक काम पूरा नहीं होगा, तब तक आप कुछ और नहीं करेंगे।

2. महीने भर तक हर दिन काम शुरू करने से पहले हर काम या प्रोजेक्ट सूची पर इस एबीसीडीई विधि का अभ्यास करें। एक महीने बाद आप अपनी सर्वोच्च प्राथमिकता के कामों को तय करने और पूरा करने की आदत डाल लेंगे, जिनसे आपका भविष्य उज्ज्वल बनेगा।

7 प्रमुख परिणाम क्षेत्रों पर ध्यान केंद्रित करें

जब हर शारीरिक और मानसिक संसाधन केंद्रित हो जाता है, तो समस्या सुलझाने की मानवीय शक्ति कई गुना बढ़ जाती है।

नॉर्मन विन्सेन्ट पील

"मुझे नौकरी पर क्यों रखा गया है ?" यह एक बहुत अहम सवाल है, जिसे आप अपने कैरियर में बार-बार पूछ सकते हैं। ज़्यादातर लोगों को तो ठीक-ठीक यह पता ही नहीं होता कि उन्हें नौकरी पर क्यों रखा गया है। अगर आप इस बारे में बिलकुल स्पष्ट नहीं हैं कि आपको नौकरी पर क्यों रखा गया है और आपसे किन परिणामों की उम्मीद की जा रही है, तो अपना सर्वश्रेष्ठ प्रदर्शन करना, ज़्यादा तनख़्वाह पाना और ज़्यादा तेज़ी से प्रमोशन पाना आपके लिए बहुत मुश्किल होगा।

सरल भाषा में कहें तो आपको कोई ख़ास परिणाम पाने के लिए नौकरी पर रखा गया है। तनख़्वाह उस काम की गुणवत्ता और मात्रा के बदले में मिलने वाला भुगतान है, जिसे दूसरों के काम के साथ मिलाकर ऐसे प्रॉडक्ट या सेवा में बदला जा सकता है, जिसे ग्राहक ख़रीदना चाहे।

आम तौर पर आपके काम को पाँच-सात प्रमुख परिणाम

क्षेत्रों (key result areas) में विभाजित किया जा सकता है। प्रमुख परिणाम क्षेत्रों की संख्या शायद ही कभी इससे ज़्यादा होती हो। इसका मतलब है वे परिणाम, जिन्हें आपको अपनी ज़िम्मेदारियाँ पूरी करने और कंपनी में अधिकतम योगदान देने के लिए अनिवार्य रूप से हासिल करना ही है।

प्रमुख परिणाम क्षेत्र वह है, जिसके लिए पूरी तरह आप ज़िम्मेदार होते हैं। अगर आप इसे नहीं करते हैं, तो यह नहीं होता है। प्रमुख परिणाम क्षेत्र वह गतिविधि है, जो आपके नियंत्रण में होती है। इससे जो परिणाम मिलता है, वह दूसरों के काम के लिए इनपुट या योगदान देता है।

प्रमुख परिणाम क्षेत्र शरीर के अनिवार्य कामों की तरह हैं, जैसे ब्लड प्रेशर, हृदय गति, श्वसन दर और ब्रेन-वेव एक्टिविटी। इनमें से एक भी अनिवार्य काम न होने से इंसान मर जाता है। इसी तरह, अपने काम के किसी भी एक बहुत महत्वपूर्ण क्षेत्र में अच्छा प्रदर्शन कर पाने में नाकामी के चलते आपकी नौकरी ख़तरे में पड़ सकती है।

मैनेजमेंट और सेल्स में सात प्रमुख परिणाम क्षेत्र

मैनेजमेंट के प्रमुख परिणाम क्षेत्र हैं : नियोजन (planning), व्यवस्थापन (organizing), स्टाफ़ नियुक्ति (staffing), काम सौंपना (delegating), निरीक्षण (supervising), मूल्यांकन (measuring) और रिपोर्ट तैयार करना (reporting)। अपनी ज़िम्मेदारी को सफलतापूर्वक निभाने के लिए मैनेजर को इन सभी क्षेत्रों में परिणाम पाने होंगे। इनमें से किसी भी एक क्षेत्र में कमज़ोर होने पर मैनेजर की कामयाबी का स्तर कम हो सकता है और वह असफल हो सकता है।

सेल्स के सात प्रमुख परिणाम क्षेत्र हैं प्रॉस्पेक्टिंग, ग्राहक से तालमेल और विश्वास बनाना, आवश्यकताएँ पहचानना, राज़ी करने वाली प्रस्तुति देना, आपत्तियों का जवाब देना, सेल क्लोज़ करना, और दोबारा बिक्री और परिचितों के नाम (referrals) प्राप्त करना। इन प्रमुख योग्यताओं में से किसी एक में भी कमज़ोर प्रदर्शन से बिक्री कम हो सकती है और कई बार तो सेल्सपरसन असफल भी हो सकता है।

आप चाहे जो करते हों, आपके पास शानदार अंदाज़ में काम करने की बुनियादी योग्यताएँ होनी ही चाहिए। ये माँगें लगातार बदलती रहती हैं। आपने मूल क्षमताएँ (core competencie) विकसित कर ली हैं, जिनकी वजह से आपके लिए वह काम करना संभव हो गया है। लेकिन निश्चित प्रमुख परिणाम आपके काम के लिए केंद्रीय महत्व रखते हैं, जो नौकरी में आपकी सफलता या असफलता तय करते हैं। वे कौन से हैं?

स्पष्टता अनिवार्य है

अपने काम के प्रमुख परिणाम क्षेत्रों को पहचानना, उच्च प्रदर्शन का शुरुआती बिंदु है। अपने बॉस के साथ उन पर बातचीत करें। अपनी सबसे महत्वपूर्ण ज़िम्मेदारियों की सूची बना लें। फिर यह निश्चित कर लें कि आपके ऊपरी स्तर, आपके समान स्तर और आपके निचले स्तर के लोग उस सूची से सहमत हों।

मिसाल के तौर पर, सेल्समैन के लिए ग्राहक से अपॉइंटमेंट की सहमति लेना एक प्रमुख परिणाम क्षेत्र है। यह कार्य पूरी सेल्स प्रक्रिया की कुंजी है। सेल क्लोज़ करना भी एक प्रमुख

परिणाम क्षेत्र है। जब सेल पूरी हो जाती है, तो यह कई अन्य लोगों की गतिविधियों को सक्रिय कर देती है, जो प्रॉडक्ट या सेवा तैयार करते या पहुँचाते हैं।

किसी कंपनी, मालिक या बड़े एक्ज़ीक्यूटिव के लिए बैंक लोन की सौदेबाज़ी करना प्रमुख परिणाम क्षेत्र हो सकता है। सही कर्मचारियों को नियुक्त करना और असरदार ढंग से काम सौंपना भी प्रमुख परिणाम क्षेत्र हैं। रिसेप्शनिस्ट या सेक्रेटरी के लिए पत्र टाइप करना, फ़ोन का जवाब देना या फ़ोन कॉल्स को तेज़ी व कुशलता से सही व्यक्ति तक पहुँचाना प्रमुख परिणाम क्षेत्र हैं। इन कामों को फ़ौरन और बख़ूबी करने की योग्यता से ही काफ़ी हद तक कर्मचारियों की तनख़्वाह और भावी प्रमोशन तय होते हैं।

अपनी ग्रेडिंग करें

अपने प्रमुख परिणाम क्षेत्र तय करने के बाद आपको अपनी ग्रेडिंग करनी चाहिए। अपना मूल्यांकन एक से दस के पैमाने पर (जिसमें एक न्यूनतम और दस अधिकतम है) करें। आप कहाँ पर शक्तिशाली हैं और कहाँ कमज़ोर ? आपको उत्कृष्ट परिणाम कहाँ मिल रहे हैं और आपका प्रदर्शन कमतर कहाँ है ?

नियम : आपका सबसे कमज़ोर प्रमुख परिणाम क्षेत्र ही उस ऊँचाई को तय करता है, जिस पर आप अपनी बाक़ी सभी योग्यताओं का इस्तेमाल कर सकते हैं।

यह नियम कहता है कि हालाँकि आप अपने सात में से छह प्रमुख परिणाम क्षेत्रों में बेमिसाल हो सकते हैं, लेकिन सातवें क्षेत्र में कमज़ोर प्रदर्शन आपको पीछे ही रोके रखेगा।

कमज़ोर प्रदर्शन ही यह तय करेगा कि आप अपनी बाक़ी योग्यताओं में कितना हासिल करते हैं। यह कमज़ोरी आपकी प्रभावकारिता पर बोझ बन जाएगी। यह लगातार संघर्ष व कुंठा की वजह बन जाएगी।

मिसाल के तौर पर, काम सौंपना (delegation) मैनेजर के लिए एक प्रमुख परिणाम क्षेत्र है। यह योग्यता वह प्रमुख लीवरेज बिंदु है, जो मैनेजर को दूसरे कर्मचारियों का प्रबंधन करने और परिणाम पाने में समर्थ बनाता है। जो मैनेजर सही तरीक़े से दूसरों को काम नहीं सौंप सकता, वह अपनी बाक़ी योग्यताओं का इस्तेमाल भी प्रभावकारिता के सर्वोच्च स्तर पर नहीं कर पाएगा। काम सौंपने की एकमात्र अयोग्यता ही उसे असफल करवा सकती है।

कमज़ोर प्रदर्शन से टालमटोल पैदा होता है

ऑफ़िस में टालमटोल की मुख्य वजह यह होती है कि लोग उन क्षेत्रों के कामों और गतिविधियों से बचते हैं, जहाँ उनका प्रदर्शन पहले ख़राब रहा हो। लक्ष्य तय करने और उस विशेष क्षेत्र में सुधार की योजना बनाने के बजाय ज़्यादातर लोग उससे बचना चाहते हैं, जिससे स्थिति और बिगड़ जाती है।

इसका विपरीत यह है कि आप किसी *विशेष* योग्यता क्षेत्र में जितने बेहतर बनते हैं, वह काम करने के लिए आप उतने ही ज़्यादा प्रेरित होंगे, उतना ही कम टालमटोल करेंगे और काम पूरा करने के लिए उतने ही ज़्यादा संकल्पवान होंगे।

सच्चाई यह है कि शक्तियाँ और कमज़ोरियाँ हर व्यक्ति में होती हैं। अपनी कमज़ोरियों को तर्कसंगत साबित करना, सही ठहराना या उनका बचाव करना छोड़ दें। इसके बजाय,

उन्हें स्पष्टता से पहचानें। एक लक्ष्य बनाएँ और उनमें से हर क्षेत्र में बेहतरीन बनने की योजना बना लें। ज़रा सोचें! हो सकता है कि आप अपने काम में बेहतरीन प्रदर्शन सिर्फ़ इसलिए न कर पा रहें हों, क्योंकि आपमें एक अत्यावश्यक योग्यता नहीं है।

बड़ा सवाल

यहाँ एक बहुत बड़ा सवाल बताया जा रहा है, जिसे आप खुद से पूछ सकते हैं, **"वह कौन सी एक योग्यता है, जिसे अगर मैं विकसित कर लूँ और उत्कृष्ट बना लूँ, तो इसका मेरे कैरियर पर सबसे ज़्यादा अच्छा असर होगा?"**

ज़िंदगी भर अपने कैरियर के मार्गदर्शन के लिए यह सवाल पूछते रहें। जवाब खोजने के लिए अपने भीतर झाँकें। संभवतः आपको पता होगा कि वह योग्यता कौन सी है।

यह सवाल अपने बॉस से पूछें। सहकर्मियों से पूछें। मित्रों और परिजनों से पूछें। जवाब चाहे जो हो, उसे पता करने की कोशिश करें और फिर उस क्षेत्र में अपने प्रदर्शन को बेहतर बनाने के लिए मेहनत करें।

अच्छी बात यह है कि सभी व्यावसायिक योग्यताएँ *सीखी जा सकती हैं*। अगर कोई व्यक्ति किसी ख़ास परिणाम क्षेत्र में उत्कृष्ट है, तो यह इस बात का सबूत है कि आप भी उत्कृष्ट बन सकते हैं, बशर्ते आप ठान लें।

टालमटोल छोड़ने और ज़्यादा तेज़ी से ज़्यादा काम करने का एक तेज़ और बेहतरीन तरीक़ा यह है कि आप अपने प्रमुख परिणाम क्षेत्रों में उत्कृष्ट बन जाएँ। ध्यान रखें कि बहुत

कम चीज़ें ही आपकी ज़िंदगी या कैरियर के लिए इतनी महत्वपूर्ण होती हैं।

हर सुबह एक मेंढक निगल लें!

1. अपने काम के प्रमुख परिणाम क्षेत्रों का पता लगाएँ। वे कौन से हैं? प्रमुख परिणामों को लिख लें, जिन्हें आपको उत्कृष्ट अंदाज़ में काम करने के लिए पाना ही है। हर क्षेत्र में एक से दस के पैमाने पर अपनी ग्रेडिंग करें। इसके बाद उस प्रमुख योग्यता का पता लगाएँ, जिसे उत्कृष्ट अंदाज़ में करने से आपको अपने काम में सबसे ज़्यादा मदद मिलेगी।

2. यह सूची अपने बॉस को दिखाएँ और उनसे बातचीत करें। ईमानदार प्रतिक्रिया और मूल्यांकन का आग्रह करें। आप सिर्फ़ तभी बेहतर बन सकते हैं, जब आप दूसरे लोगों के सृजनात्मक सुझावों पर खुले दिमाग़ से विचार करें। अपने परिणामों के बारे में अपने स्टाफ़ और सहकर्मियों से बातचीत करें। अपने जीवनसाथी से चर्चा करें।

अपने पूरे कैरियर में नियमित विश्लेषण की आदत डालें। कभी भी बेहतर बनना न छोड़ें। सिर्फ़ यही फ़ैसला आपकी ज़िंदगी बदल सकता है।

8 तीन के नियम पर अमल करें

आप जो कर सकते हैं करें, जो उपलब्ध है उसी से करें, जहाँ भी आप हैं वहीं से करें, बस कर डालें।

थियोडोर रूज़वेल्ट

आपके तीन बुनियादी काम ही आपके बिज़नेस या कंपनी के लिए सबसे ज़्यादा मूल्यवान होते हैं। इन तीन प्रमुख कामों को स्पष्ट रूप से पहचानने और उन पर ज़्यादातर वक़्त ध्यान केंद्रित करने की क़ाबिलियत आपके सर्वश्रेष्ठ प्रदर्शन के लिए अनिवार्य है। इस बारे में मैं आपको एक सच्ची कहानी बताता हूँ।

सैन डिएगो में मेरे साथ पहला फुल डे कोचिंग सेशन करने के तीन महीने बाद सिंथिया नाम की लड़की ने खड़े होकर समूह को बताया, "जब मैं तीन महीने पहले यहाँ आई थी, तो आपने मुझे यह सिखाने का दावा किया था कि मैं बारह महीनों में अपनी आमदनी और ख़ाली समय को दोगुना कैसे कर सकती हूँ। यह बिलकुल असंभव लग रहा था, लेकिन इसके बावजूद मैं इसे आज़माना चाहती थी"

"पहले दिन आपने मुझसे कहा कि मैं हर उस काम की सूची बना लूँ, जो मैं पूरे हफ़्ते या महीने में करती थी। मैंने ऐसे सत्रह काम लिख लिए, जिनके लिए मैं ज़िम्मेदार थी। मेरी समस्या यह थी कि मैं काम के बोझ से बुरी तरह दबी हुई थी। मैं हफ़्ते में छह दिन ऑफ़िस में दस-बारह घंटे काम करती थी और मेरे पास अपने पति और दो छोटे बच्चों के

लिए बिलकुल भी समय नहीं होता था। लेकिन मुझे कोई रास्ता नहीं सूझ रहा था।

"मैं तेज़ी से तरक्की कर रही एक हाई-टेक कंपनी में आठ सालों से काम कर रही थी। मेरे पास काम का अंबार लगा रहता था, लेकिन समय हमेशा कम रहता था।"

पूरे दिन बस एक चीज़

उसने आगे कहा, "जब मैंने सूची बना ली, तो फिर आपने मुझसे यह सवाल पूछने को कहा : 'अगर आप इस सूची में से पूरे दिन सिर्फ़ एक ही काम कर सकें, तो कौन सा एक काम आपकी कंपनी के लिए सबसे ज़्यादा मूल्यवान होगा?' मैंने वह काम आसानी से खोज लिया और उसकी क्रम संख्या पर गोला लगा लिया।

"फिर आपने पूछा, 'अगर आप अपने प्रमुख कामों की सूची में से सिर्फ़ एक और काम कर सकें, तो वह *दूसरी* गतिविधि कौन सी होगी, जो आपकी कंपनी के लिए सबसे ज़्यादा मूल्यवान है?'

"जब मैंने अपने इस दूसरे सबसे महत्वपूर्ण काम को पहचान लिया, तो आपने मुझसे *तीसरे* सबसे महत्वपूर्ण काम के संदर्भ में भी यही सवाल पूछा।

"फिर आपने ऐसी बात कही, जिससे मुझे उस वक़्त सदमा लगा। आपने कहा कि कोई व्यक्ति अपनी कंपनी में जो योगदान देता है, उसका 90 प्रतिशत हिस्सा उसके द्वारा किए जाने वाले तीन प्रमुख काम में होता हैं - चाहे वे जो भी हों। आप बाक़ी जो भी काम करते हैं, वे सहायक या पूरक कामों की श्रेणी

में आते हैं, जिन्हें शायद दूसरों को सौंपा जा सकता है, कम किया जा सकता है, आउटसोर्स किया जा सकता है या छोड़ा भी जा सकता है।"

तत्काल कर्म करें

सिंथिया ने आगे कहा, "इसके बाद मुझे एहसास हुआ कि यही वे तीन काम थे, जिनके ज़रिये मैं अपनी कंपनी में सबसे मूल्यवान योगदान देती थी। वह शुक्रवार का दिन था। सोमवार को सुबह 10 बजे मैं अपने बॉस के पास गई और उन्हें अपनी इस खोज के बारे में बताया। मैंने उन्हें कहा कि उन तीन प्रमुख कामों के अलावा बाक़ी काम दूसरों को सौंपने या आउटसोर्स करने में मुझे उनकी मदद चाहिए। मैंने कहा कि अगर मैं दिन भर यही तीन काम करूँ, तो कंपनी के प्रति अपना योगदान दोगुना कर सकती हूँ। फिर मैंने बॉस से कहा कि अगर मैं अपना योगदान दोगुना कर लेती हूँ, तो मैं दोगुनी तनख़्वाह भी चाहूँगी।"

सिंथिया ने कहा, "बॉस एकदम ख़ामोश रहे। उन्होंने प्रमुख कामों की मेरी सूची देखी, फिर मेरी ओर देखा, इसके बाद दोबारा सूची को देखा और बोले, "ठीक है।" उनके पीछे लगी दीवार घड़ी में उस वक़्त 10:21 बज रहे थे।

"वे बोले, 'तुमने सही कहा। कंपनी के लिए तुम यही तीन सबसे महत्त्वपूर्ण काम करती हो – और सबसे अच्छी तरह भी। बाक़ी छुटपुट काम किसी दूसरे को सौंपने या उनकी संख्या कम करने में मैं तुम्हारी मदद करूँगा, ताकि तुम इन तीन कामों में पूरी तरह जुट सको। और अगर तुम अपना योगदान दोगुना कर लेती हो, तो मैं तुम्हारी तनख़्वाह भी दोगुनी कर दूँगा।"

अपनी ज़िंदगी बदल डालें

सिंथिया ने अपनी कहानी ख़त्म करते हुए कहा, "उन्होंने सचमुच ऐसा ही किया। मैंने अपना वादा निभाया और फिर उन्होंने भी अपना वादा निभाया। उन्होंने मेरे छुटपुट काम दूसरों को सौंप दिए, ताकि मैं अपने शीर्ष तीन कामों पर ध्यान केंद्रित कर सकूँ। नतीजा यह हुआ कि मैंने अगले तीस दिनों में ही अपना योगदान दोगुना कर लिया और उन्होंने मेरी तनख़्वाह भी दोगुनी कर दी।

"मैं आठ साल से बड़ी मेहनत से काम कर रही थी, लेकिन मेरी तनख़्वाह जहाँ की तहाँ थी। मज़े की बात यह थी कि मात्र अपने समय और ऊर्जा को अपने तीन प्रमुख कामों पर केंद्रित करने की बदौलत सिर्फ़ एक महीने में ही मेरी तनख़्वाह दोगुनी हो गई। और इतना ही नहीं, आजकल मैं रोज़ाना दस-बारह घंटे काम करने के बजाय बस 8 से 5 बजे तक ही काम करती हूँ। अब मैं अपने पति और बच्चों के साथ पर्याप्त समय गुज़ारती हूँ। अपने प्रमुख कामों पर ध्यान केंद्रित करने से मेरी ज़िंदगी बदल गई।"

कामकाज की दुनिया में शायद सबसे महत्त्वपूर्ण शब्द है *योगदान*। आपको मिलने वाले पुरस्कार - आर्थिक भी और भावनात्मक भी - हमेशा आपके परिणामों या योगदान के मूल्य के सीधे अनुपात में होंगे। अगर आप अपने पुरस्कार बढ़ाना चाहते हैं, तो आपको अपने काम का मूल्य बढ़ाने पर ध्यान केंद्रित करना होगा। आपको अपनी कंपनी में ज़्यादा योगदान देने के लिए ख़ुद को समर्पित करना होगा। और यह याद रखें कि तीन प्रमुख काम हमेशा सबसे ज़्यादा योगदान देते हैं।

त्वरित सूची विधि

हम अपने क्लाएंट्स से प्रशिक्षण प्रक्रिया की शुरुआत में ही एक अभ्यास करवाते हैं। हम उन्हें एक काग़ज़ देकर कहते हैं, "तीस सेकंड में अपने जीवन के तीन सबसे महत्वपूर्ण लक्ष्य तत्काल लिख लें।"

हमने पाया है कि जब लोगों के पास अपने तीन सबसे महत्वपूर्ण लक्ष्य लिखने के लिए सिर्फ़ तीस सेकंड होते हैं, तब भी उनके जवाब उतने ही सटीक होते हैं, जितने कि तीस मिनट या तीन घंटे मिलने पर होते। उनका अवचेतन मन "तेज़ी से" सक्रिय हो जाता है और तीन सबसे महत्वपूर्ण लक्ष्य उनके मन से काग़ज़ पर आ जाते हैं, जिससे अभ्यास करने वाले लोगों को अक्सर हैरानी होती है।

८० प्रतिशत या इससे भी ज़्यादा लोगों के तीन सामान्य लक्ष्य होते हैं : पहला, आर्थिक और कैरियर संबंधी लक्ष्य; दूसरा, पारिवारिक या निजी संबंध का लक्ष्य; और तीसरा, सेहत या फ़िटनेस का लक्ष्य। और ऐसा ही होना भी चाहिए। ये जीवन के तीन सबसे अहम क्षेत्र हैं। इन तीनों में ख़ुद को एक से दस के पैमाने पर अंक देने से आपको फ़ौरन पता चल जाएगा कि आप ज़िंदगी में कहाँ बेहतर प्रदर्शन कर रहे हैं और कहाँ सुधार की ज़रूरत है। इसे ख़ुद आज़माकर देख लें। यह अभ्यास अपने जीवनसाथी या बच्चों को दें। जवाब से आपकी आँखें खुल जाएँगी।

बाद में हमारे कोचिंग प्रोग्राम में हम इस अभ्यास को विस्तार देकर ये सवाल पूछते हैं :

1. इस वक़्त आपके तीन सबसे महत्वपूर्ण *बिज़नेस*

या कैरियर संबंधी लक्ष्य कौन से हैं ?

2. इस वक़्त आपके तीन सबसे महत्त्वपूर्ण *पारिवारिक या रिश्तों से संबंधित* लक्ष्य कौन से हैं ?
3. इस वक़्त आपके तीन सबसे महत्त्वपूर्ण *आर्थिक* लक्ष्य कौन से हैं ?
4. इस वक़्त आपके तीन सबसे महत्त्वपूर्ण *सेहत संबंधी* लक्ष्य कौन से हैं?
5. इस वक़्त आपके तीन सबसे महत्त्वपूर्ण *व्यक्तिगत और व्यावसायिक विकास* के लक्ष्य कौन से हैं ?
6. इस वक़्त आपके तीन सबसे महत्त्वपूर्ण *सामाजिक और सामुदायिक विकास* के लक्ष्य कौन से हैं ?
7. इस वक़्त जीवन में आपकी तीन सबसे बड़ी *समस्याएँ या चिंताएँ* कौन सी हैं ?

जब आप तीस सेकंड या इससे भी कम समय में इनमें से हर सवाल का जवाब देने के लिए ख़ुद को मजबूर करते हैं, तो जवाबों से आप ख़ुद हैरान रह जाते हैं। चाहे आपके जवाब जो भी हों, आम तौर पर वे उस पल ज़िंदगी में आपकी वास्तविक स्थिति का सटीक चित्र होंगे। ये जवाब बता देंगे कि आपके लिए सचमुच क्या महत्त्वपूर्ण है।

लक्ष्य और प्राथमिकताएँ तय करते समय, अपनी ज़िंदगी व्यवस्थित करते समय, एक वक़्त में एक ही काम पर एकाग्रता से ध्यान केंद्रित करते समय और अपने सबसे महत्त्वपूर्ण काम पूरे करने के लिए ख़ुद को अनुशासित करते समय आपको कभी नहीं भूलना चाहिए कि आपका चरम लक्ष्य लंबा, सुखद और स्वस्थ जीवन जीना है।

समय प्रबंधन लक्ष्य नहीं, साधन है

समय प्रबंधन की क़ाबिलियत सीखने का विशेष उद्देश्य यह है कि आप अपने कामकाज की सचमुच महत्वपूर्ण चीज़ों को पूरा कर सकें और अपनी निजी ज़िंदगी में उन चीज़ों के लिए ज़्यादा से ज़्यादा वक़्त निकाल सकें, जिनसे आपको सबसे ज़्यादा ख़ुशी और संतुष्टि मिलती है।

ज़िंदगी में 85 फ़ीसदी ख़ुशी दूसरों के साथ सुखद संबंधों से मिलती है, ख़ास तौर पर क़रीबी लोगों और परिवार के सदस्यों से। आपके संबंध की गुणवत्ता का अनिवार्य पैमाना यह है कि आप उन लोगों के साथ कितना समय गुजारते हैं, जिनसे आप प्रेम करते हैं और जो आपसे प्रेम करते हैं।

समय प्रबंधन - मेंढक निगलने - और कम समय में ज़्यादा हासिल करने का लक्ष्य सिर्फ़ इतना है कि आप उन लोगों के साथ "ज़्यादा समय" गुज़ार सकें, जिनकी आप परवाह करते हैं। इसका लक्ष्य आपको वो चीज़ें करने का ज़्यादा समय देना है, जिनसे आपको जीवन में सबसे ज़्यादा ख़ुशी मिलती है।

नियम : ऑफ़िस में समय की गुणवत्ता (quality) **महत्वपूर्ण होती है; घर पर समय की मात्रा** (quantity) **महत्वपूर्ण होती है।**

कार्यस्थल पर हर पल काम करें

जीवन को संतुलित रखने के लिए आपको यह संकल्प लेना चाहिए कि आप जितने भी वक़्त काम करेंगे, सचमुच करेंगे। जब काम करने जाएँ, तो अपना सिर नीचे करके पूरे वक़्त

काम करें। थोड़ा जल्दी शुरू करें, थोड़ा बाद तक रुकें और थोड़ी ज़्यादा मेहनत करें। समय बर्बाद न करें। सहकर्मियों के साथ गपशप में बिताया गया हर पल उस काम से चुराया जाता है, जिसे आपको अपनी नौकरी बचाने के लिए पूरा करना ही है।

इससे भी बुरी बात, आप ऑफ़िस में जो समय बर्बाद करते हैं, वह अक्सर आपके परिवार के सदस्यों से छीना हुआ होता है। आपको या तो ऑफ़िस में देर तक रुकना होगा या फिर काम को घर लाकर पूरा करना होगा। दिन में प्रभावी और कार्यकुशल ढंग से काम न करके आप अपने लिए अनावश्यक तनाव पैदा कर लेते हैं। इस तरह आप अपने परिवार के सदस्यों को उस सर्वश्रेष्ठ व्यक्ति से वंचित कर देते हैं, जो आप बन सकते थे।

एक छोटी लड़की का प्रसंग है, जो अपनी माँ से पूछती है, "मम्मी, डैडी हर रात जब घर लौटते हैं, तो उनका ब्रीफ़केस काम से क्यों भरा होता है और वे सबके साथ समय क्यों नहीं बिताते?" माँ सहानुभूति भरे अंदाज़ में जवाब देती हैं, "देखो बेटा, तुम्हें समझना चाहिए - डैडी अपना काम ऑफ़िस में नहीं निबटा पाते, इसलिए उन्हें काम को घर लाकर पूरा करना पड़ता है।" छोटी लड़की पूछती है, "अगर यह बात है, तो फिर उन्हें धीमी क्लास (slower class) में क्यों नहीं भेज दिया जाता?"

संतुलन वैकल्पिक नहीं है

प्राचीन ग्रीक कहावत थी, "सभी चीज़ों में संयम।" आपको अपने कामकाज और निजी ज़िंदगी के बीच संतुलन बनाने

की ज़रूरत है। आपको कामकाज में प्राथमिकताएँ तय करने और अपने सबसे मूल्यवान कामों पर ध्यान केंद्रित करने की ज़रूरत है। साथ ही, आपको इस हक़ीक़त को भी नज़रअंदाज़ नहीं करना चाहिए कि कार्यकुशलता से काम करने की बुनियादी वजह यह है कि आप घर पर अपने परिवार के साथ जीवन की बेहतर गुणवत्ता का आनंद ले सकें।

कई बार लोग मुझसे पूछते हैं, "मैं अपने कामकाज और निजी ज़िंदगी में संतुलन कैसे हासिल कर सकता हूँ?"

मैं पलटकर सवाल पूछता हूँ, "तनी हुई रस्सी पर चलने वाला कितनी बार संतुलन क़ायम करता है?" कुछ पल सोचने के बाद वे लगभग हमेशा जवाब देते हैं, "हर वक़्त।" मैं कहता हूँ, "कामकाज और घरेलू जीवन में भी यही होता है। आपको यह काम हर वक़्त करना पड़ता है। आप कभी उस बिंदु पर नहीं पहुँचते हैं, जहाँ यह हमेशा के लिए आदर्श बन जाए। आपको इस पर लगातार मेहनत करनी होती है।"

आपका लक्ष्य अपने कामकाज में अपना सर्वश्रेष्ठ प्रदर्शन करना होना चाहिए - ज़्यादा से ज़्यादा काम करना और अपने कैरियर में पुरस्कारों के सर्वोच्च संभावित स्तर पर पहुँचना। लेकिन आपको "रास्ते में फूलों की ख़ुशबू लेना" भी नहीं भूलना चाहिए। कभी भी उन बुनियादी कारणों को अनदेखा न करें, जिनके लिए आप इतनी कड़ी मेहनत करते हैं। यह न भूलें कि आप अपने समय के निवेश से अधिकतम लाभ हासिल करने के लिए इतने संकल्पित क्यों हैं। आप जिन लोगों से प्रेम करते हैं, उनके साथ जितना ज़्यादा वक़्त गुज़ारेंगे, उतने ही ज़्यादा ख़ुश रहेंगे।

हर सुबह एक मेंढक निगल लें!

1. तीन सबसे महत्वपूर्ण काम चुन लें, जिन्हें आप अपने ऑफ़िस या कार्यस्थल में करते हैं। ख़ुद से पूछें, "अगर मैं पूरे दिन सिर्फ़ एक ही काम कर सकूँ, तो वह कौन सा काम होगा, जो मेरे कैरियर में सबसे ज़्यादा मूल्यवान योगदान दे सकता है?" यही अभ्यास दो बार और करें। जब आप अपने "तीन बड़े काम" पहचान लें, तो दिन भर उन्हीं पर एकाग्र हो जाएँ।

2. अपने जीवन के हर क्षेत्र में तीन सबसे महत्वपूर्ण लक्ष्य चुन लें। उन्हें प्राथमिकता के आधार पर व्यवस्थित कर लें। उन्हें हासिल करने की योजनाएँ बनाएँ और हर दिन अपनी योजनाओं पर काम करें। आने वाले समय में आप इतना ज़्यादा हासिल कर लेंगे कि उसे देखकर आप ख़ुद हैरान रह जाएँगे।

9 शुरू करने से पहले पूरी तैयारी कर लें

आपकी योग्यता का स्तर चाहे जो हो,
आपमें इतनी ज़्यादा संभावनाएँ हैं कि आप
एक जीवन में उन तक नहीं पहुँच सकते।

जेम्स टी. मैके

टालमटोल छोड़ने और ज़्यादा तेज़ी से ज़्यादा काम करने का एक बहुत अच्छा तरीक़ा यह है कि शुरू करने से पहले हर ज़रूरी चीज़ अपने पास तैयार रखें। जब आप पूरी तरह तैयार होते हैं, तो आप भरी हुई बंदूक या कमान पर चढ़े तीर जैसे होते हैं। इस नीति पर चलने के बाद आप आने वाले समय में इतना ज़्यादा हासिल कर लेंगे कि ख़ुद हैरान रह जाएँगे। अपने सर्वोच्च मूल्यवान काम शुरू करने के लिए आपको बस एक छोटे से मानसिक धक्के की ज़रूरत होती है।

यह भोजन बनाने की तैयारी करने जैसा है - जैसे एक बड़ा मेंढक पकाना। आप सारे कच्चे मसाले काउंटर पर अपने सामने रख लेते हैं और फिर खाना बनाना शुरू करते हैं - एक बार में एक क़दम।

काम शुरू करने से पहले अपनी डेस्क या कर्यस्थल की सफ़ाई कर लें, ताकि आपके सामने सिर्फ़ एक ही काम रहे।

ज़रूरत हो, तो हर चीज़ फ़र्श पर या अपने पीछे की टेबल पर रख लें। वह सारी जानकारी, रिपोर्ट्र्स, विस्तृत विवरण, काग़ज़ और काम की सामग्री इकट्ठी कर लें, जिसकी ज़रूरत आपको काम पूरा करने के लिए होगी। उन्हें अपने क़रीब ही रखें, ताकि आप ज़्यादा हिले या उठे बिना ही उन तक पहुँच सकें।

यह सुनिश्चित करें कि आपके पास लिखने की सारी सामग्री, कंप्यूटर डिस्क, एक्सेस कोड्स, ई-मेल एड्रेस और हर वह चीज़ हो, जिसकी ज़रूरत आपको काम शुरू करने और पूरा करने के लिए होगी।

अपने कार्यस्थल को इस तरह तैयार करें, ताकि यह आरामदेह, आकर्षक और लंबे समय तक काम करने के अनुकूल हो। ख़ास तौर पर यह पक्का कर लें कि आपकी कुर्सी आरामदेह हो, जो आपकी पीठ को सहारा दे और आपके पैर समतल फ़र्श पर टिकने दे।

आरामदेह कार्यस्थल तैयार करें

सबसे उत्पादक लोग वक़्त निकालकर कार्यस्थल को ऐसा बना लेते हैं, जहाँ समय बिताने में उन्हें मज़ा आए। काम शुरू करने से पहले आपके काम का इलाक़ा जितना साफ़ होता है, आपके लिए काम शुरू करना और उसे लगातार करना उतना ही आसान हो जाता है।

टालमटोल छोड़ने (मेंढक निगलने) की एक बेहतरीन तकनीक यह है कि आप हर वह चीज़ पहले से तैयार कर लें, जिसकी ज़रूरत आपको काम पूरा करने के लिए होगी। जब हर चीज़ क़रीने और क्रम से जमी होती है, तो आपमें

ज़्यादा आत्मविश्वास होता है और सफलता की उतनी ही ज़्यादा संभावना होती है।

काम शुरू कर दें

यह आश्चर्यजनक है कि कितनी सारी पुस्तकें कभी नहीं लिखी जातीं, कितनी सारी डिग्रियाँ कभी नहीं मिल पातीं, जीवन बदलने वाले कितने सारे काम कभी शुरू नहीं हो पाते, क्योंकि लोग हर चीज़ की तैयारी करने का पहला क़दम ही नहीं उठाते हैं।

लॉस एंजेलिस में अमेरिका भर से ऐसे लोग आते हैं, जो फ़िल्म की बेहतरीन पटकथा लिखने और उसे किसी स्टूडियो को बेचने के सपने देखते हैं। लोकप्रिय पटकथा लिखने और बेचने के सपने देखते हुए वे लॉस एंजेलिस में रहने लगते हैं और बरसों तक निचले स्तर के काम करते हैं।

लॉस एंजेलिस टाइम्स ने एक बार एक रिपोर्टर को विलशायर बूलेवर्ड भिजवाकर राह चलने वालों का इंटरव्यू लेने को कहा। लोगों के क़रीब आने पर वह उनसे बस एक सवाल पूछता था : "आपकी पटकथा का क्या हाल है?" चार में से तीन लोग जवाब देते थे, "लगभग पूरी होने वाली है!"

दुखद सच्चाई यह है कि "लगभग पूरी" का मतलब शायद यह था कि "अभी शुरू भी नहीं हुई है।" अपने साथ ऐसा न होने दें।

अपने सपनों की दिशा में जुट जाएँ

एक बार जब आपकी तैयारी पूरी हो जाए, तो यह अनिवार्य

है कि आप फ़ौरन अपने लक्ष्यों की दिशा में कूद पड़ें। शुरू कर दें। पहली चीज़ करें, चाहे वह जो भी हो।

मेरा पहला नियम है : "८० प्रतिशत सही कर दो और फिर बाद में इसे पूरी तरह सही करो।" इसे झंडा लगाने के खंभे पर लटका दें और देखें कि क्या कोई सलामी देता है। पहली बार में या शुरुआती दौर में पूर्णता की उम्मीद न करें। सब कुछ पूरी तरह सही करने से पहले बार-बार असफलता झेलने के लिए तैयार रहें।

सफलता की राह में हमें जिन सबसे बड़े दुश्मनों से जूझना होता है, वे योग्यता और अवसर की कमी नहीं हैं, बल्कि असफलता और अस्वीकृति के डर हैं, जिनके कारण पैदा हुई शंकाएँ हमें सताती रहती हैं। अपने डर से उबरने का एकमात्र तरीक़ा वही है, जो इमर्सन ने बताया है : "जिस काम से आप डरते हों, उसे कर डालें, फिर डर की मौत तय है।"

महान हॉकी खिलाड़ी वेन ग्रेट्ज़्की ने एक बार कहा था, "आप वे शत-प्रतिशत शॉट चूक जाते हैं, जिन्हें आप लगाते ही नहीं हैं।" एक बार जब आपकी तैयारी पूरी हो जाए, तो इसके बाद पहला क़दम उठाने की हिम्मत करें। फिर तो हर चीज़ अपने आप होने लगेगी। आपको जिस हिम्मत की ज़रूरत है, उसे विकसित करने का तरीक़ा सरल है। इस तरह काम करें, जैसे आपमें पहले से ही हिम्मत हो।

पहला क़दम उठाएँ

जब आप हर चीज़ अपने सामने लेकर बैठें और शुरू करने के लिए तैयार हों, तो बेहद सफल प्रदर्शन करने वाले व्यक्ति की बॉडी लैंग्वेज अपनाएँ। सीधे तनकर बैठें; आगे की तरफ़

झुकें और कुर्सी की पीठ से थोड़ा आगे रहें। ख़ुद को ऐसी मुद्रा में रखें, जैसे आप कार्यकुशल, प्रभावी, ऊँचा प्रदर्शन करने वाले व्यक्ति हों। फिर पहला काम उठाएँ और ख़ुद से कहें, "अब काम में जुटते हैं!" और इसके बाद कूद पड़ें। एक बार शुरू करने के बाद तब तक जुटे रहें, जब तक कि काम पूरा न हो जाए।

हर सुबह एक मेंढक निगल लें!

1. घर और ऑफ़िस में अपनी डेस्क या केबिन को ग़ौर से देखें। ख़ुद से पूछें, "ऐसे माहौल में कैसा तरह का व्यक्ति काम करता है?" आपके काम का माहौल जितना साफ़-सुथरा होता है, आप उतने ही ज़्यादा सकारात्मक, उत्पादक और आत्मविश्वासी महसूस करते हैं।

2. आज ही अपनी डेस्क और केबिन की पूरी सफ़ाई करने का संकल्प करें, ताकि आप जब भी काम करने बैठें, प्रभावी, कार्यकुशल और आगे बढ़ने के लिए तैयार महसूस करें।

10 एक बार में तेल के एक पीपे तक पहुँचें

जिन लोगों में तुलनात्मक रूप से कम शक्तियाँ होती हैं, वे भी बहुत कुछ हासिल कर सकते हैं, बशर्ते वे पूरी तरह जुट जाएँ और बिना थके एक वक़्त में एक ही चीज़ करते रहें।

सैम्युअल स्माइल्स

पुरानी कहावत है, "गज़ भर मुश्किल है, मगर एक-एक इंच करके आसान है।"

टालमटोल छोड़ने का एक अच्छा तरीक़ा यह है कि आप अपने सामने के बड़े काम से ध्यान हटा लें और उसके एक छोटे से हिस्से पर ध्यान केंद्रित करें, जिसे आप कर सकते हैं। एक बड़ा मेंढक निगलने का बेहतरीन तरीक़ा है, एक बार में एक निवाला खाना।

लाओ-त्सू ने लिखा था, "हज़ार मील लंबी यात्रा भी एक क़दम से शुरू होती है।" यह टालमटोल से उबरने और ज़्यादा तेज़ी से ज़्यादा काम करने की कुंजी है।

बड़े रेगिस्तान को पार करना

कई बरस पहले मैंने एक पुरानी लैंड रोवर में सहारा रेगिस्तान के दिल तैनेज़राउफ़्ट को पार किया, जो इस वक़्त अल्जीरिया

में है। तब फ्रांसीसी लोग बरसों पहले ही वहाँ से जा चुके थे और ईंधन डालने वाले स्टेशन बंद पड़े हुए थे।

रेगिस्तान करीब 500 मील लंबा था और उसमें पानी, भोजन, घास, यहाँ तक कि मक्खी भी नहीं थी। वह बिलकुल समतल था - किसी चौड़े पीले रेतीले पार्किंग लॉट के जैसा - और सभी दिशाओं में क्षितिज तक फैला हुआ।

पिछले सालों में सहारा के इस रेगिस्तान को पार करते समय 1,300 लोग मारे जा चुके थे। अक्सर उड़ती रेत का तूफ़ान रेगिस्तान पार करने के रास्ते को ओझल कर देता था, जिस वजह से यात्री रात में भटक जाते थे और दोबारा ज़िंदा नहीं मिलते थे।

उस जगह पर कोई संकेत चिन्ह नहीं थे। इस कमी को दूर करने के लिए फ्रांसीसियों ने एक बेहतरीन काम किया। उन्होंने हर पाँच किलोमीटर के फ़ासले पर पचपन गैलन वाले तेल के काले पीपे रखवा दिए। पृथ्वी के झुकाव से बने क्षितिज की दूरी भी इतनी ही थी।

इस वजह से दिन के वक़्त हमें तेल के दो पीपे दिखते थे - एक वह, जिसे हमने अभी-अभी पार किया होता था और दूसरा वह, जो पाँच किलोमीटर आगे मौजूद था। और हमें सही दिशा में चलने के लिए बस इतने की ही ज़रूरत थी।

हमें तो बस तेल के अगले पीपे तक पहुँचना था। नतीजा यह हुआ कि हम दुनिया के सबसे बड़े रेगिस्तान को बस "एक बार में तेल का एक पीपा" करके पार कर गए।

एक वक़्त में एक क़दम

अपनी ज़िंदगी का सबसे बड़ा काम भी आप इसी तरह कर सकते हैं। बस ख़ुद को एक वक़्त में एक क़दम उठाने के लिए पूरी तरह अनुशासित कर लें। आपका काम उतनी दूर तक पहुँचना है, जितनी दूर तक आप देख सकते हैं। इसके बाद जब आप वहाँ पहुँचेंगे, तो आप और ज़्यादा दूर तक देख सकेंगे।

बड़ा काम करने के लिए आपमें यह दृढ़ विश्वास और आस्था होनी चाहिए कि आपका अगला क़दम जल्द ही आपके सामने स्पष्ट हो जाएगा। यह अद्‌भुत सलाह याद रखें : "कूद पड़ो – जाल अपने आप नीचे आ जाएगा।"

महान जीवन या कैरियर, एक वक़्त में एक काम को फटाफट और अच्छी तरह पूरा करने तथा इसके बाद अगले काम पर पहुँचने की बुनियाद पर ही बनते हैं। आर्थिक स्वतंत्रता साल दर साल हर महीने थोड़ा-थोड़ा पैसा बचाने भर से हासिल हो जाती है। सेहत और फ़िटनेस का लक्ष्य महीनों तक हर दिन बस थोड़ा कम खाने और थोड़ी ज़्यादा कसरत करने से हासिल हो जाता है।

आप तो बस पहला क़दम उठा लें और लक्ष्य की ओर चल पड़ें। फिर एक वक़्त में एक क़दम उठाएँ और तेल के एक पीपे पर ध्यान केंद्रित करें। इस तरह आप टालमटोल से उबर सकते हैं और असाधारण चीज़ें हासिल कर सकते हैं।

हर सुबह एक मेंढक निगल लें !

1. अपने जीवन का कोई ऐसा लक्ष्य, काम या प्रोजेक्ट चुनें, जिसमें आप टालमटोल कर रहे हों। फिर उन सभी क़दमों की सूची बना लें, जिन्हें उठाने से काम पूरा हो सकता हो।

2. अब फ़ौरन पहला क़दम उठा लें। शुरू करने के लिए कई बार तो आपको सिर्फ बैठकर सूची के एक काम को करना होता है। फिर एक और काम करें। इसी तरह करते जाएँ। अंततः आप इतना कुछ हासिल कर लेंगे कि उसे देखकर आप ख़ुद हैरान रह जाएँगे।

11 अपनी योग्यताएँ बढ़ाएँ

आपका काम चाहे जो भी हो, उसमें सफलता का इकलौता अचूक तरीक़ा अपेक्षा से ज़्यादा और बेहतर सेवा देना है।

ऑग मैन्डिनो

अपनी योग्यताएँ बढ़ाना व्यक्तिगत उत्पादकता का बड़ा अहम सिद्धांत है। शानदार अंदाज़ में काम करने के लिए आपको जितना सीखने की ज़रूरत हो, सीखें। आप किसी ख़ास क़िस्म के मेंढक को निगलने में जितने बेहतर बनेंगे, उतनी ही फ़ुर्ती से छलाँग लगाकर काम पूरा कर लेंगे।

टालमटोल की एक ख़ास वजह अक्षमता की भावना, आत्मविश्वास की कमी या काम के किसी प्रमुख क्षेत्र में अयोग्यता की भावना होती है। अगर आप किसी एक क्षेत्र में कमज़ोर या कमतर महसूस करते हैं, तो अक्सर काम शुरू ही नहीं करते हैं।

अपने प्रमुख परिणाम क्षेत्रों में अपनी योग्यताएँ लगातार बढ़ाते रहें। याद रखें, आप आज चाहे जितने अच्छे हों, आपका ज्ञान और योग्यताएँ तेज़ी से बासी या पुरानी हो रही हैं। जैसा बास्केटबॉल कोच पैट राइली ने कहा था, "जिस वक़्त आप बेहतर बनने की कोशिश छोड़ देते हैं, आपका बदतर बनना तय हो जाता है।"

सीखना कभी न छोड़ें

समय प्रबंधन की एक बड़ी मददगार तकनीक यह है कि आप अपने प्रमुख कामों में *बेहतर* बनते जाएँ। व्यक्तिगत और व्यावसायिक बेहतरी समय बचाने के सबसे महत्त्वपूर्ण उपायों में से एक है। आप किसी प्रमुख काम में जितने बेहतर होंगे, उसे शुरू करने के लिए उतने ही ज़्यादा प्रेरित महसूस करेंगे। आप जितने बेहतर होंगे, आपमें उतनी ही ज़्यादा ऊर्जा और उत्साह होगा। जब आप जानते हैं कि आप कोई काम अच्छी तरह कर सकते हैं, तो आपके लिए टालमटोल छोड़ना और ज़्यादा तेज़ी से काम करना आसान हो जाएगा।

एक जानकारी या एक अतिरिक्त क़ाबिलियत ही आपकी कार्यक्षमता पर में ज़बर्दस्त असर डाल सकती है। आप जो सबसे महत्त्वपूर्ण काम करते हों, उनकी सूची बनाएँ। फिर उन क्षेत्रों में अपनी योग्यताएँ लगातार बढ़ाते रहने की योजना बनाएँ।

नियम : लगातार सीखना किसी भी क्षेत्र में सफलता की न्यूनतम आवश्यकता है।

किसी क्षेत्र में कमज़ोरी या योग्यता की कमी की वजह से पीछे न रहें। हर चीज़ सीखी जा सकती है। और जो दूसरों ने सीखा है, उसे आप भी सीख सकते हैं।

जब मैंने अपनी पहली पुस्तक लिखना शुरू किया, तो मैं हताश हो गया, क्योंकि मैं हंट-एंड-पैक (अक्षर देख-देख कर एक उंगली से) क़िस्म की टाइपिंग करता था। जल्द ही मुझे एहसास हो गया कि अगर मैं 300 पेज की पुस्तक लिखना

चाहता हूँ, तो मुझे टच-टाइपिंग सीखनी होगी। फिर क्या था, मैंने अपने कंप्यूटर के लिए टच-टाइपिंग प्रोग्राम ख़रीद लिया। इसके बाद मैंने तीन महीने तक हर दिन बीस-तीस मिनट तक अभ्यास किया। तीन महीने बाद मैं चालीस-पचास शब्द प्रति मिनट की गति से टाइपिंग करने लगा। इस अतिरिक्त योग्यता की वजह से मैं चालीस से ज़्यादा पुस्तकें लिख चुका हूँ, जो दुनिया भर में प्रकाशित हुई हैं।

सबसे अच्छी बात यह है कि ज़्यादा उत्पादक और असरदार बनने के लिए आपको जिन योग्यताओं की ज़रूरत है, वे सबकी-सब सीखी जा सकती है। अगर ज़रूरत पड़े, तो आप टच टाइपिस्ट बन सकते हैं। आप कंप्यूटर में माहिर बन सकते हैं। आप ज़बर्दस्त सौदेबाज़ या बेहतरीन सेल्सपर्सन बन सकते हैं। आप भाषण देना सीख सकते हैं। आप असरदार अंदाज़ में लिखना सीख सकते हैं। आप ये सारी योग्यताएँ हासिल कर सकते हैं, बशर्ते आप संकल्प करें और उन्हें अपनी प्राथमिकता बना लें।

महारत के तीन क़दम

सबसे पहले, हर दिन कम से कम एक घंटे तक अपने क्षेत्र में अध्ययन करें। सुबह थोड़ा जल्दी उठकर तीस से साठ मिनट तक वह पुस्तक या पत्रिका पढ़ें, जिसमें दी गई जानकारी से आप अपने काम में ज़्यादा असरदार और उत्पादक बन सकते हों।

दूसरा, उन प्रमुख योग्यताओं से संबंधित हर कोर्स और सेमिनार में शिरकत करें। अपने प्रोफ़ेशन या पेशे के सम्मेलनों और बिज़नेस मीटिंग्स में हिस्सा लें। सेशन्स और वर्कशॉप्स में जाएँ। सामने बैठकर नोट्स लें। प्रोग्राम्स की ऑडियो

रिकॉर्डिंग्स ख़रीदें। अपने क्षेत्र के सबसे ज्ञानी और योग्य व्यक्तियों में से एक बनने के लिए समर्पित हो जाएँ।

तीसरा, अपनी कार में ऑडियो प्रोग्राम्स सुनें। औसत कार मालिक एक जगह से दूसरी जगह तक जाने में हर साल 500 से 1,000 घंटे तक का समय बिताता है। सफ़र के समय को सीखने के समय में बदल लें। यात्रा करते वक़्त शैक्षणिक ऑडियो प्रोग्राम्स सुनने भर से ही आप अपने क्षेत्र के सबसे स्मार्ट, सबसे सक्षम और सबसे ज़्यादा तनख़्वाह वाले व्यक्तियों में से एक बन सकते हैं।

आप जितना ज़्यादा सीखते और जानते हैं, उतने ही ज़्यादा आत्मविश्वासी और प्रेरित महसूस करते हैं। आप जितने बेहतर बनते हैं, अपने क्षेत्र में पहले से ज़्यादा करने में उतने ही सक्षम बनते हैं।

आप जितना ज़्यादा सीखते हैं, सीखने की क्षमता उतनी ही ज़्यादा बढ़ती है। जिस तरह शारीरिक कसरत करके आप अपनी शारीरिक मांसपेशियाँ बना सकते हैं, उसी तरह मानसिक कसरत करके अपनी मानसिक मांसपेशियाँ भी बना सकते हैं। और इस बात की कोई सीमा नहीं है कि आप कितनी आगे तक या कितनी जल्दी तरक्की कर सकते हैं। सीमाएँ सिर्फ़ वही होंगी, जिन्हें आप अपनी कल्पना में तय करेंगे।

हर सुबह एक मेंढक निगल लें !

1. आज ही "अपनी-प्रगति-करने" का प्रोजेक्ट शुरू करने का बीड़ा उठाएँ। अपने काम-धंधे के क्षेत्र में आजीवन विद्यार्थी बनें। प्रोफ़ेशनल के लिए पढ़ाई कभी ख़त्म नहीं होती।

2. उन प्रमुख योग्यताओं को पहचानें, जो बेहतर और ज़्यादा तेज़ परिणाम हासिल करने में आपकी मदद कर सकती हों। उन बुनियादी क्षमताओं का पता लगाएँ, जिनकी ज़रूरत आपको भविष्य में अपने क्षेत्र में आगे बने रहने के लिए होगी। चाहे वे जो भी हों, लक्ष्य तय करें, योजना बनाएँ और फिर उन क्षेत्रों में अपनी योग्यता बढ़ाने का काम शुरू कर दें। आप जो भी करते हों, उसमें सर्वश्रेष्ठ बनने का फ़ैसला करें!

12 अपनी विशेष योग्यताओं की लीवरेजिंग करें

अपना काम करें; लेकिन सिर्फ अपना काम ही नहीं, बल्कि ठाठ-बाट पाने के लिए कुछ ज़्यादा भी करें - यह थोड़ा ज़्यादा भी बाक़ी जितना ही महत्वपूर्ण है।

डीन ब्रिग्स

आप अनूठे हैं! आपमें ऐसे ख़ास गुण और योग्यताएँ हैं, जिनकी बदौलत आप दुनिया के हर व्यक्ति से अलग हैं। आप ऐसे मेंढक निगल सकते हैं या निगलना सीख सकते हैं, जिनकी वजह से आप अपने बिज़नेस या कंपनी में बहुत महत्वपूर्ण बन सकते हैं।

आप कोई ऐसा काम कर सकते हैं या करना सीख सकते हैं, जो आपको स्वयं या दूसरों के लिए असाधारण रूप से मूल्यवान बना देगा। यह आपकी ज़िम्मेदारी है कि आप अपने अनूठेपन के ख़ास क्षेत्रों को पहचानें और फिर उनमें बहुत, बहुत अच्छे बनने के लिए समर्पित हो जाएँ।

कमाने की योग्यता बढ़ाएँ

कैशफ़्लो के संदर्भ में आपकी सबसे मूल्यवान संपत्ति आपकी कमाने की क्षमता है। काम करने की आपकी योग्यता हर

साल आपको लाखों डॉलर दिलाती है। इसके लिए आप सिर्फ़ अपने ज्ञान और योग्यताओं का इस्तेमाल करते हैं। यह दूसरों के मुक़ाबले ज़्यादा तेज़ी और बेहतर तरीक़े से विशेष मेंढक निगलने की आपकी योग्यता है।

भले ही आप अपना सब कुछ - अपना मकान, अपनी कार, अपनी नौकरी, अपना बैंक अकाउंट - गँवा दें, लेकिन जब तक आपमें कमाने की योग्यता है, तब तक आप इन सबको वापस पा सकते हैं और इनसे भी ज़्यादा कमा सकते हैं।

अपने अनूठे गुणों और योग्यताओं का नियमित विश्लेषण करें। ऐसा क्या है, जिसे आप बहुत अच्छी तरह करते हैं? आप किस चीज़ में माहिर हैं? आप ऐसी कौन सी चीज़ आसानी से और अच्छी तरह कर सकते हैं, जो दूसरे लोगों के लिए मुश्किल है? अपने कैरियर की ओर पलटकर देखें कि ज़िंदगी और काम-धंधे में आपकी सफलता के लिए कौन सी चीज़ सबसे ज़्यादा ज़िम्मेदार है? वे सबसे महत्वपूर्ण मेंढक कौन से हैं, जो आपने अतीत में निगले हैं?

जिस काम से प्रेम करते हों, वही करें

आपको इस तरह बनाया गया है कि आप वे काम करते वक़्त सबसे ख़ुश रहते हैं, जिनमें आप सर्वश्रेष्ठ बन सकते हैं। वह कौन सा काम है, जिसे आप सबसे ख़ुशी-ख़ुशी करते हैं? कौन से मेंढक निगलने में आपको सबसे ज़्यादा आनंद आता है? जिस काम को करते वक़्त आप ख़ुश रहते हैं, आपमें उस क्षेत्र में उत्कृष्ट बनने की क्षमता होती है।

ज़िंदगी में आपकी एक महान ज़िम्मेदारी यह पता लगाना है कि आपको दरअसल किस काम से प्रेम है। इसके बाद

आपको बस इतना ही करना है कि ख़ुद को पूरे दिल से उस ख़ास काम को बेहतरीन तरीक़े से करने में झोंक दें।

अपने विभिन्न कामों और ज़िम्मेदारियों पर ग़ौर करें। आप ऐसा कौन सा काम करते हैं, जिसकी लोग सबसे ज़्यादा प्रशंसा करते हैं? आप ऐसा क्या करते हैं, जिसका दूसरों के काम और प्रदर्शन पर सबसे अच्छा असर पड़ता है?

सफल लोग हमेशा वही होते हैं, जो यह जानने का समय निकालते हैं कि वे कौन से काम सबसे अच्छी तरह और सबसे ज़्यादा आनंद के साथ करते हैं। वे पता लगाते हैं कि उनके किन कामों से उनके काम-धंधे में सचमुच फ़र्क़ पड़ता है। इसके बाद वे उन कामों या गतिविधियों पर पूरा ध्यान केंद्रित कर लेते हैं।

आपको हमेशा अपनी सर्वश्रेष्ठ ऊर्जा और योग्यताएँ उन प्रमुख कामों को शुरू और पूरा करने पर केंद्रित करनी चाहिए, जिन्हें आप अपने अनूठे गुणों और योग्यताओं की बदौलत बेहतरीन तरीक़े से करते हैं और महत्वपूर्ण योगदान देते हैं। आप हर काम तो नहीं कर सकते, लेकिन आप वे चुनिंदा काम ज़रूर कर सकते हैं, जिनमें आप उत्कृष्ट हैं - वे कुछेक काम, जिनसे सचमुच फ़र्क़ पड़ता है!

हर सुबह एक मेंढक निगल लें !

1. ख़ुद से लगातार ये अहम सवाल पूछते रहें : "मैं किस चीज़ में सचमुच अच्छा हूँ ? मुझे किस काम में सबसे ज़्यादा मज़ा आता है ? अतीत में कौन सा काम मेरी सफलता के लिए सबसे ज़्यादा ज़िम्मेदार रहा है ? अगर मैं कोई काम बेहतरीन तरीक़े से कर सकता हूँ, तो वह कौन सा होगा ?"

अगर आप लॉटरी जीत लेते हैं या आपको ढेर सारा पैसा मिल जाता है और आप किसी काम या उसके हिस्से को अनंत काल तक करने का विकल्प चुन सकते हों, तो आप कौन सा काम चुनेंगे ?

2. अपने सबसे महत्वपूर्ण कामों को उत्कृष्ट अंदाज़ में करने के लिए ख़ुद को तैयार करने की योजना बनाएँ। उन क्षेत्रों पर ध्यान केंद्रित करें, जिनमें आप ख़ास गुण रखते हों और जिनमें आपको सबसे ज़्यादा मज़ा आता हो। यही आपकी संभावना का ताला खोलने की कुंजी है।

13 प्रमुख बाधाओं को पहचानें

अपने सारे विचार उस काम पर केंद्रित कर लें, जो फिलहाल आपके हाथ में हो। सूरज की किरणें तब तक कुछ नहीं जला पातीं, जब तक कि उन्हें केंद्रित न किया जाए।

अलेक्ज़ेंडर ग्राहम बेल

आप आज जहाँ पर हैं और जिस प्रमुख लक्ष्य या उद्देश्य को हासिल करना चाहते हैं, उसके बीच एक बड़ी बाधा है, जिससे उबरने के बाद ही आप वह प्रमुख लक्ष्य हासिल कर सकते हैं।

वह कौन सी चीज़ है, जो आपको पीछे रोक रही है? कौन सी चीज़ लक्ष्य तक पहुँचने की आपकी गति को तय करती है? कौन सी चीज़ तय करती है कि आप वर्तमान जगह से अपनी मनचाही मंज़िल तक कितनी तेज़ी से पहुँचते हैं? कौन सी चीज़ आपको वे मेंढक निगलने से रोकती है, जो सचमुच फ़र्क़ पैदा कर सकते हैं? आप अब तक अपने लक्ष्य को हासिल क्यों नहीं कर पाए हैं?

ये कुछ सबसे अहम सवाल हैं, जो आप निजी उत्पादकता और प्रभावकारिता के ऊँचे स्तरों को हासिल करने के लिए पूछ सकते हैं। जब भी आप कुछ करते हैं, तो हमेशा कोई न कोई *सीमित करने वाला घटक* (limiting factor) होता है, जो तय करता है कि आप इसे कितनी जल्दी और अच्छी तरह पूरा करते हैं। यह आपकी ज़िम्मेदारी है कि आप अपने

सामने के काम का विश्लेषण करें और उसके भीतर के सीमित करने वाले उसी तत्व या बाधा को पहचानें। फिर आपको अपनी सारी ऊर्जा उसी तत्व या बाधा को ख़त्म करने पर केंद्रित करनी चाहिए।

सीमित करने वाले घटक को पहचानना

लगभग हर काम में, चाहे वह छोटा हो या बड़ा, एक अकेला घटक ही लक्ष्य हासिल करने या काम पूरा करने की आपकी गति को तय करता है। वह कौन सा घटक है? अपनी सारी मानसिक ऊर्जा उसी एक अहम क्षेत्र पर केंद्रित कर लें। यह आपके समय और गुणों का सबसे लाभदायक उपयोग होगा।

यह बाधा कोई शख़्स हो सकता है, जिसकी मदद या निर्णय की आपको ज़रूरत हो। कोई संसाधन हो सकता है, जिसकी आपको आवश्यकता हो। संगठन के किसी हिस्से की कमज़ोरी हो सकती है या और कुछ भी हो सकता है। लेकिन सीमित करने वाला घटक होता ज़रूर है और इसे खोजना हमेशा आपकी ज़िम्मेदारी है।

मिसाल के तौर पर, बिज़नेस का उद्देश्य ग्राहक बनाना और उन्हें क़ायम रखना है। कंपनी पर्याप्त संख्या में यह काम करके मुनाफ़ा कमाती है और तरक़्क़ी करती है।

हर बिज़नेस को सीमित करने वाला एक घटक या चोक पॉइंट होता है, जो यह तय करता है कि कंपनी कितनी जल्दी और अच्छी तरह अपना उद्देश्य हासिल कर पाती है। यह मार्केटिंग हो सकता है, सेल्स का स्तर हो सकता है या सेल्स समूह भी। यह लागत या उत्पादन विधियाँ हो सकती है। यह कैशफ़्लो या लागत का स्तर हो सकता है। कंपनी की

सफलता प्रतिस्पर्धियों, ग्राहकों या वर्तमान बाज़ार द्वारा तय की जा सकती है। घटक बहुत से होते हैं, लेकिन इनमें से एक घटक, बाक़ी किसी से भी ज़्यादा, यह तय करता है कि कंपनी तरक़्क़ी और मुनाफ़े के लक्ष्यों को कितनी जल्दी हासिल करती है। वह घटक कौन सा है?

किसी प्रक्रिया में सीमित करने वाले घटक की सटीक पहचान करने और उस पर पूरी एकाग्रता से काम करने से आम तौर पर कम समय में इतनी ज़्यादा तरक़्क़ी हो सकती है, जितनी किसी दूसरे तरीक़े से नहीं होगी।

बाधाओं पर 80/20 का नियम लागू करना

80/20 का नियम आपके जीवन और कामकाज की बाधाओं (constraint) पर भी लागू होता है। इसका मतलब है कि आपकी 80 प्रतिशत बाधाएँ, आपको लक्ष्य हासिल करने से रोकने वाले घटक *अंदरूनी* हैं। वे आपके भीतर हैं - आपके निजी गुणों, योग्यताओं, आदतों, अनुशासन या क्षमताओं के भीतर। या फिर वे आपकी कंपनी या संगठन के भीतर हैं।

सीमित करने वाले सिर्फ़ 20 प्रतिशत घटक आपके या आपकी कंपनी के *बाहर* होते हैं। सिर्फ़ 20 प्रतिशत ही बाहरी यानी प्रतिस्पर्धा, बाज़ार, सरकार या अन्य संगठनों के रूप में होते हैं।

हो सकता है कि आपकी प्रमुख बाधा कोई छोटी सी चीज़ हो, जो स्पष्ट न हो। आपको किस चीज़ ने रोक रखा है, इसका पता लगाने के लिए कई बार तो आपको प्रक्रिया के हर चरण की सूची बनानी होती है और हर गतिविधि की जाँच करनी होती है। कई बार ग्राहकों की एक नकारात्मक

अनुभूति या आपत्ति पूरी सेल्स प्रक्रिया को धीमा कर सकती है। कई बार किसी विशेषता की ग़ैर-मौजूदगी किसी प्रॉडक्ट या सर्विस लाइन की बिक्री को बढ़ने से रोक सकती है।

अपनी कंपनी की ईमानदारी से पड़ताल करें। अपने बॉस, सहकर्मियों और स्टाफ़ के सदस्यों को ग़ौर से देखें कि क्या वहाँ पर कोई प्रमुख कमज़ोरी है, जिसने आपको या कंपनी को पीछे रोक रखा है और जो आपके प्रमुख लक्ष्यों की उपलब्धि पर ब्रेक लगा रही है।

अपने भीतर झाँकें

सफल लोग हमेशा बाधाओं का विश्लेषण इस सवाल से शुरू करते हैं, "*मेरे* भीतर ऐसा क्या है, जिसने मुझे पीछे रोक रखा है?" वे अपनी ज़िंदगी की पूरी ज़िम्मेदारी लेते हैं और अपनी समस्याओं के कारण और समाधान दोनों ही के लिए अपने भीतर झाँकते हैं।

सीमित करने वाले घटक या योग्यता का अपने भीतर पता लगाने के लिए आपमें गहराई से झाँकने की ईमानदारी होनी चाहिए। यह वह घटक या योग्यता है, जिससे लक्ष्य हासिल करने की आपकी गति तय होती है। पूछते रहें, "मेरे मनचाहे परिणाम पाने की गति किस चीज़ से तय होती है?"

सटीकता की कोशिश करें

बाधा को परिभाषित करने के बाद ही यह तय किया जा सकता है कि उससे निबटने के लिए किस रणनीति का इस्तेमाल किया जाए। असल बाधा को न पहचान पाने या ग़लत बाधा

की पहचान कर लेने से आप ग़लत दिशा में जा सकते हैं। इससे आप अंततः ग़लत समस्या को सुलझाने में जुटे रहेंगे।

एक प्रमुख कॉरपोरेशन मेरा क्लाइंट था। वह घटती बिक्री की समस्या से जूझ रहा था। कॉरपोरेशन के लीडर्स इस नतीजे पर पहुँचे कि प्रमुख बाधा सेल्स फ़ोर्स और सेल्स मैनेजमेंट की गुणवत्ता है। उन्होंने मैनेजमेंट के पुनर्गठन और सेल्सपीपुल के दोबारा प्रशिक्षण पर काफ़ी पैसा ख़र्च किया।

बाद में उन्हें पता चला कि बिक्री की धीमी गति का मूल कारण एक अकाउंटेंट की ग़लती थी, जिसने ग़लती से प्रॉडक्ट्स की क़ीमत प्रतिस्पर्धियों की तुलना में बहुत ज़्यादा रख दी थी। एक बार जब कॉरपोरेशन ने अपनी क़ीमतें सुधार लीं, तो उसकी बिक्री दोबारा बढ़ गई और वह मुनाफ़े में लौट आया।

हर बाधा या चोक पॉइंट के पीछे, जब आप इसे सफलतापूर्वक पहचान और हटा लेंगे, आप एक और बाधा या सीमित करने वाला घटक पाएँगे। फिर भले ही आप सुबह समय पर ऑफ़िस पहुँचने की कोशिश कर रहे हों या सफल कैरियर बनाने में लगे हों, सीमित करने वाले घटक और बाधाएँ हमेशा होंगी, जो आपकी प्रगति की रफ़्तार को तय करती हैं। यह आपकी ज़िम्मेदारी है कि आप उन्हें खोजें और जल्द से जल्द हटाने के लिए अपनी ऊर्जा को केंद्रित कर लें।

अगर आप दिन की शुरुआत किसी प्रमुख बाधा को हटाने से करते हैं, तो आप ऊर्जावान और सशक्त महसूस करेंगे। तब आप काम में जुटने और उसे पूरा करने के लिए प्रेरित होंगे। हमेशा कोई न कोई बाधा ज़रूर होती है। अक्सर, किसी बाधा या सीमित करने वाले घटक को हटाना ही वह महत्वपूर्ण मेंढक होता है, जिसे आप उस पल निगल सकते हैं।

हर सुबह एक मेंढक निगल लें !

1. आज ही जीवन में अपने सबसे महत्वपूर्ण लक्ष्य का पता लगाएँ। वह क्या है ? वह कौन सा लक्ष्य है, जिसे हासिल करने से आपकी ज़िंदगी पर सबसे ज़्यादा सकारात्मक असर पड़ेगा ? कैरियर में किस एक उपलब्धि का आपके कार्यजीवन पर सबसे ज़्यादा सकारात्मक असर होगा ?

2. उस एक बाहरी या अंदरूनी बाधा का पता लगाएँ, जो उस लक्ष्य को हासिल करने की गति तय करती है। पूछें, "मैं अब तक वहाँ क्यों नहीं पहुँच पाया ? मेरे भीतर ऐसा क्या है, जिसने मुझे पीछे रोक रखा है ?" जवाब जो भी हो, फ़ौरन काम में जुट जाएँ। कुछ भी करें, कुछ भी। लेकिन बस शुरू कर दें।

14 ख़ुद पर दबाव डालें

सफलता की पहली शर्त है, बिना थके अपनी शारीरिक और मानसिक ऊर्जा को किसी एक समस्या पर लगाने की योग्यता।

थॉमस एडिसन

दुनिया ऐसे लोगों से भरी पड़ी है, जो इस बात का इंतज़ार कर रहे हैं कि कोई आए और उन्हें वैसा इंसान बनने के लिए प्रेरित करे, जैसा वे बनना चाहते हैं। दिक्क़त यह है कि कोई भी उनकी मदद के लिए नहीं आ रहा है।

ये लोग उस सड़क पर बस का इंतज़ार कर रहे हैं, जहाँ से कभी कोई बस गुज़रती ही नहीं है। अगर वे अपनी ज़िंदगी की ज़िम्मेदारी नहीं लेते हैं और ख़ुद पर दबाव नहीं डालते हैं, तो वे हमेशा इंतज़ार ही करते रहेंगे। और ज़्यादातर लोग यही करते है।

सिर्फ़ लगभग 2 प्रतिशत लोग बग़ैर किसी निगरानी के काम कर सकते हैं। इन लोगों को हम "लीडर्स" कहते हैं। आपको भी ऐसा ही व्यक्ति बनना है और आप ऐसे बन भी सकते हैं, बशर्ते आप ठान लें।

अपनी पूरी संभावना तक पहुँचने के लिए आपको ख़ुद पर दबाव डालने की आदत अपनानी चाहिए। यह इंतज़ार नहीं करना चाहिए कि कोई दूसरा आकर आप पर दबाव

डाले। आपको अपने मेंढक ख़ुद चुनने चाहिए और फिर यह सुनिश्चित करना चाहिए कि आप उन्हें महत्व के क्रम में निगलें।

अपने क्षेत्र में नेतृत्व करें

ख़ुद को दूसरों के रोल मॉडल के रूप में देखें। लगातार अपने लक्ष्यों को ज़्यादा ऊँचा बनाते रहें। अपने काम और व्यवहार के लिए आप जो पैमाने तय करते हैं, वे किसी अन्य के द्वारा आपके लिए तय किए गए पैमानों से ज़्यादा ऊँचे होने चाहिए।

इसे अपने लिए खेल बना लें कि आप थोड़ा जल्दी शुरू करेंगे, थोड़ी ज़्यादा कड़ी मेहनत करेंगे और थोड़ी ज़्यादा देर तक काम करेंगे। हमेशा एक मील आगे तक जाकर काम करने के तरीक़े खोजते रहें। आपको जितना भुगतान मिल रहा है, हमेशा उससे ज़्यादा काम करने के तरीक़े खोजते रहें।

आपके आत्म-गौरव (self-esteem) - आपके व्यक्तित्व के केंद्र - की परिभाषा मनोवैज्ञानिक नैथेनियल ब्रांडेन ने इस तरह दी है : "अपनी नज़रों में आपकी छवि।" आप अपनी नज़रों में अपनी छवि हर उस चीज़ से बनाते या बिगाड़ते हैं, जिसे आप करते हैं या नहीं करते हैं। अच्छी बात यह है कि जब भी आप अपना सर्वश्रेष्ठ प्रदर्शन करने के लिए ख़ुद पर दबाव डालते हैं, तो आप अपने बारे में बेहतर महसूस करने लगते हैं। जब भी आप उस बिंदु से आगे तक जाते हैं, जहाँ आम आदमी आम तौर पर हार मान लेता है तो आप अपना आत्म-गौरव बढ़ा लेते हैं।

काल्पनिक डेडलाइन्स बनाएँ

टालमटोल छोड़ने का एक बेहतरीन तरीक़ा इस तरह काम करना है, जैसे आपको एक ही दिन में अपने सारे महत्वपूर्ण काम निबटाने हों।

हर दिन कल्पना करें कि आपको एक आपातकालीन संदेश मिला है और आपको अगले दिन एक महीने के लिए शहर छोड़कर जाना है। अगर आप एक महीने के लिए शहर छोड़कर जाने वाले हैं, तो आप किन महत्वपूर्ण कामों को पूरा करने के बाद चैन से जा सकते हैं? आपका जवाब जो भी हो, इसी वक़्त वे सारे काम करने में जुट जाएँ।

ख़ुद पर दबाव डालने का एक और तरीक़ा यह कल्पना करना है कि आपने अभी-अभी एक सुंदर पर्यटन स्थल पर एक हफ़्ते की मुफ़्त छुट्टियाँ मनाने का पुरस्कार जीता है। दिक्क़त सिर्फ़ इतनी है कि आपको छुट्टी पर अगली सुबह ही निकलना होगा, वरना यह पुरस्कार किसी दूसरे को दे दिया जाएगा। छुट्टी पर जाने से पहले आप कौन सा काम पूरा करने का विकल्प चुनेंगे? वह काम जो भी हो, उसे फ़ौरन शुरू कर दें।

ऊँचे स्तरों पर प्रदर्शन करने के लिए सफल लोग ख़ुद पर लगातार दबाव डालते रहते हैं। दूसरी ओर, असफल लोगों को दूसरों के निर्देशों, निगरानी और दबाव की ज़रूरत पड़ती है।

ख़ुद पर दबाव डालकर आप पहले से अधिक तेज़ी से ज़्यादा और बेहतर काम कर पाएँगे। आप ऊँचा प्रदर्शन करने वाले, ऊँची उपलब्धि हासिल करने वाले व्यक्ति बन जाएँगे। आप अपने बारे में बेहतरीन महसूस करेंगे और धीरे-धीरे तेज़ी

से काम पूरा करने की आदत डाल लेंगे, जो ज़िंदगी भर आपके काम आएगी।

हर सुबह एक मेंढक निगल लें !

1. हर काम और गतिविधि की डेडलाइन और सब-डेडलाइन तय कर लें। स्वयं को "विवश करने वाला तंत्र" बनाएँ। अपने लक्ष्य ऊँचे करते रहें और अपना गिरेबान न छोड़ें। एक बार जब आप अपने लिए डेडलाइन तय कर लें, तो उस पर डटे रहें और उससे पहले ही काम पूरा करने की कोशिश करें।

2. कोई भी महत्वपूर्ण काम या प्रोजेक्ट शुरू करने से पहले उसका हर चरण (step) लिख लें। तय करें कि हर चरण पूरा करने में आपको कितने मिनट या घंटे लगेंगे। फिर घड़ी से जूझें। अपनी बनाई हुई डेडलाइन्स को पछाड़ दें। इसे एक खेल बना लें और जीतने की ठान लें!

15 अपनी व्यक्तिगत शक्तियों को अधिकतम करें

अपने सारे संसाधन जुटा लें, सभी इंद्रियाँ चौकस कर लें, तमाम ऊर्जा समेट लें, सारी क्षमताएँ किसी एक क्षेत्र में माहिर बनने पर केंद्रित कर लें।

जॉन हैग्गई

व्यक्तिगत प्रदर्शन और उत्पादकता का कच्चा माल आपकी शारीरिक, मानसिक और भावनात्मक ऊर्जाओं में निहित होता है। आपका शरीर एक मशीन की तरह है, जो ऊर्जा पैदा करने के लिए भोजन, पानी और विश्राम का उपयोग करता है। और इसके बाद आप अपनी ज़िंदगी और नौकरी के महत्वपूर्ण काम करने में उस ऊर्जा का इस्तेमाल करते हैं। मिसाल के तौर पर, जब आप भरपूर आराम कर चुके होते हैं, तो आपका प्रदर्शन कैसा होता है ? तब आप थकान या क्लांत अवस्था से दोगुना, तिगुना या पाँच गुना ज़्यादा काम कर सकते हैं।

ख़ुश और उत्पादक बनने के लिए ये बहुत ज़रूरी है कि आप हर वक़्त अपनी ऊर्जा के स्तर की रक्षा करें और उसे पोषण दें।

काम की अति का मतलब है कम काम

हक़ीक़त यह है कि आपकी उत्पादकता आठ-नौ घंटे तक काम करने के बाद कम होने लगती है। हालाँकि कई बार यह ज़रूरी हो जाता है, लेकिन रात को बहुत देर तक काम करने का मतलब होता है कि आप आम तौर पर ज़्यादा समय में कम उत्पादन कर रहे हैं।

आप जितने ज़्यादा थके होंगे, आपके काम की गुणवत्ता उतनी ही ख़राब होगी और आप उतनी ही ज़्यादा ग़लतियाँ करेंगे। एक निश्चित बिंदु पर आप "दीवार" से टकरा जाएँगे और ख़त्म हो चुकी बैटरी की तरह एक क़दम भी आगे नहीं बढ़ पाएँगे।

अपनी गति से काम करें

पूरे दिन के दौरान कुछ ख़ास समय आप अपने सर्वश्रेष्ठ स्तर पर काम करते हैं। आपको पहचानना होगा कि ये समय कौन सा हैं। आपको ख़ुद को अनुशासित करना होगा कि आप अपने सबसे महत्वपूर्ण और चुनौतीपूर्ण काम उसी वक़्त करें, जब आप अपने सर्वश्रेष्ठ स्तर पर हों।

ज़्यादातर लोग सुबह अपने सर्वश्रेष्ठ रूप में होते हैं, क्योंकि वे रात को अच्छी नींद ले चुके होते हैं। कई लोग दोपहर को बेहतर महसूस करते हैं। कुछ लोग शाम को या देर रात को सबसे रचनात्मक और उत्पादक होते हैं।

टालमटोल का मुख्य कारण है थकान। यह किसी काम को तब शुरू करने की कोशिश करना है, जब आप थके हों। तब आपमें कोई ऊर्जा या उत्साह नहीं होता। सुबह के

ठंडे इंजन की तरह आप चालू ही नहीं हो पाते।

जब भी आप ज़्यादा थकावट महसूस करें और आप पर काम का बहुत ज़्यादा बोझ हो तथा समय बहुत कम हो, तो ख़ुद को रोक लें और बस इतना कहें, "मैं जितना कर सकता हूँ, उतना ही कर सकता हूँ।"

कई बार आपके समय का सबसे अच्छा इस्तेमाल तो यह होगा कि आप जल्दी घर जाकर सीधे दस घंटे के लिए सो जाएँ। इससे आप पूरी तरह रीचार्ज हो जाएँगे। तब अगले दिन आप दोगुना, तिगुना काम निबटा सकेंगे और वह भी बेहतर गुणवत्ता के साथ। देर रात तक घटिया काम करने के बजाय यह बेहतर विकल्प है।

पर्याप्त नींद लें

कई शोधकर्ताओं का मानना है कि अमेरिका का आम आदमी अपने काम के बोझ की तुलना में पर्याप्त नींद नहीं ले रहा है। लाखों अमेरिकी बहुत ज़्यादा काम करने और बहुत कम सोने के परिणामस्वरूप मानसिक कोहरे में काम कर रहे हैं।

आप एक स्मार्ट काम यह कर सकते हैं कि हर रात 10 बजे तक अपना टीवी बंद करके पलंग पर पहुँच जाएँ। कई बार तो हर रात एक घंटे की अतिरिक्त नींद से ही आपकी पूरी ज़िंदगी बदल सकती है।

यहाँ आपको एक नियम बताया जा रहा है। हर हफ़्ते एक पूरे दिन की छुट्टी रखें। इस दिन, चाहे यह शनिवार हो या रविवार, न तो कुछ पढ़ें, न ही पत्रों का जवाब दें, न ही ऑफ़िस की खोज-ख़बर लें। कुल मिलाकर, इस दिन कोई

भी ऐसी चीज़ न करें, जिससे मन में तनाव हो। इसके बजाय फ़िल्म देखने जाएँ, व्यायाम करें, अपने परिवार के साथ वक़्त गुज़ारें, टहलने जाएँ या किसी ऐसी गतिविधि में हिस्सा लें, जो आपके दिमाग़ को पूरी तरह रीचार्ज कर दे। यह बात सच है कि "बदलाव भी आराम जितना ही अच्छा होता है।"

हर साल नियमित रूप से छुट्टियाँ मनाने जाएँ - लंबे वीकएंड्स पर भी और एक-दो हफ़्ते लंबी छुट्टियों में भी। इससे आपको आराम मिलेगा और आप तरोताज़ा हो जाएँगे। छुट्टियों या आराम भरे वीकएंड के बाद आप हमेशा सबसे ज़्यादा उत्पादक होते हैं।

हफ़्ते में पाँच दिन जल्दी सोने, वीकएंड्स में भरपूर नींद लेने और हर सप्ताह एक पूरा दिन आराम करने से आपमें ज़्यादा ऊर्जा होगी। इस अतिरिक्त ऊर्जा की बदौलत आप टालमटोल से उबर सकते हैं। इसकी वजह से आप अपने प्रमुख काम ज़्यादा तेज़ी से और ज़्यादा संकल्प के साथ शुरू कर पाएँगे, जो थकान की अवस्था में क़तई संभव नहीं होता।

अपने स्वास्थ्य की रक्षा करें

पर्याप्त आराम करने के अलावा अपनी ऊर्जा का स्तर अधिकतम रखने के लिए अपने खान-पान के मामले में सतर्क रहें। हाई-प्रोटीन, लो-फैट, और लो-कार्बोहाइड्रेट वाले नाश्ते से दिन शुरू करें। लंच में फ़िश या चिकन के साथ सलाद खाएँ। चीनी, नमक, मैदे की चीज़ों और मिठाइयों से दूर रहें। सॉफ़्ट ड्रिंक्स, कैंडी बार्स और पेस्ट्रीज़ से बचें। ख़ुद को इस तरह भोजन दें, जैसे आप किसी विश्व-स्तरीय खिलाड़ी को प्रतिस्पर्धा से पहले भोजन करा रहे हों। कई मायनों में

हर दिन काम शुरू करने से पहले आप यही होते हैं।

हर हफ़्ते लगभग 200 मिनट तक व्यायाम करने का लक्ष्य बनाएँ, जो फ़िटनेस का उत्कृष्ट स्तर क़ायम रखने का औसत पैमाना है। इसका मतलब है हर दिन लगभग तीस मिनट। आप काम के बाद या पहले पैदल चलकर ऐसा कर सकते हैं। आप तैर सकते हैं, मशीनों पर कसरत कर सकते हैं या मैदान में खेल सकते हैं। चाहे जो करें, लेकिन अपनी दिनचर्या में व्यायाम को शामिल ज़रूर करें। ठीक वैसे, जैसे यह कोई बिज़नेस अपॉइंटमेंट हो।

कम और स्वस्थ आहार खाने, नियमित व्यायाम करने और पर्याप्त आराम करने के बाद आप पहले से ज़्यादा और बेहतर काम करेंगे, आसानी से करेंगे और आपको ज़्यादा संतुष्टि भी मिलेगी।

काम शुरू करते वक़्त आप जितना ज़्यादा अच्छा महसूस करेंगे, उतना ही कम टालमटोल करेंगे और काम पूरा करके दूसरे काम निबटाने के लिए उतने ही ज़्यादा उत्सुक होंगे। ज़्यादा उत्पादकता, ज़्यादा ख़ुशी और हर काम में ज़्यादा सफलता पाने के लिए ऊर्जा का ऊँचा स्तर अनिवार्य है।

हर सुबह एक मेंढक निगल लें !

1. अपनी ऊर्जा के वर्तमान स्तर और स्वास्थ्य से जुड़ी अपनी दैनिक आदतों की जाँच करें। आज ही ख़ुद से ये सवाल पूछकर सेहत और ऊर्जा का स्तर सुधारने का संकल्प करें :

मैं शारीरिक दृष्टि से ऐसा क्या कर रहा हूँ, जिसे मैं *और ज़्यादा* कर सकता हूँ ?

मैं ऐसा क्या कर रहा हूँ, जिसे मैं *कम* कर सकता हूँ ?

मैं ऐसा क्या नहीं कर रहा हूँ, जिसे मुझे *शुरू* करना चाहिए, अगर मैं अपने सर्वश्रेष्ठ स्तर पर प्रदर्शन करना चाहता हूँ ?

मैं ऐसा क्या कर रहा हूँ, जिससे मेरी सेहत पर बुरा असर हो रहा है और जिसे मुझे पूरी तरह *छोड़ देना* चाहिए ?

2. कोई एक गतिविधि या काम चुनें, जिसे आप सेहत और ऊर्जा के स्तर को बेहतर बनाने के लिए फ़ौरन शुरू कर सकते हों। उस एक काम का तब तक बार-बार अभ्यास करते रहें, जब तक कि वह एक आदत न बन जाए। फिर बेहतर बनने का दूसरा तरीक़ा चुनें और उस पर शुरू हो जाएँ।

ऊपर दिए सवालों के आपके जवाब चाहे जो हों, आज ही क़दम उठाएँ।

16 कर्म में जुटने के लिए ख़ुद को प्रेरित करें

जबर्दस्त रोमांच, विजय और रचनात्मक कर्म के रोचक उत्साह में ही इंसान को चरम सुख मिलता है।

एंटॉइन डे सेंट एक्ज़ुपरी

सर्वश्रेष्ठ स्तर पर प्रदर्शन करने के लिए आपको अपना चियरलीडर बनना होगा। आपको ख़ुद की कोचिंग करने और अपना सर्वश्रेष्ठ खेल खेलने के लिए ख़ुद को प्रोत्साहित करने की आदत डालनी होगी।

आपकी ज़्यादातर भावनाएँ, चाहे वे सकारात्मक हों या नकारात्मक, इस बात से तय होती हैं कि आप हर पल ख़ुद से कैसे बात करते हैं। महत्वपूर्ण यह नहीं है कि आपके साथ क्या होता है; महत्वपूर्ण तो यह है कि आप अपने साथ होने वाली घटनाओं का कैसा विश्लेषण करते हैं। इसी से यह तय होता है कि आप कैसा महसूस करते हैं। घटनाओं का आपका संस्करण काफ़ी हद तक यह तय करता है कि वे घटनाएँ आपको प्रेरित करती हैं या हतोत्साहित, आपको ऊर्जावान बनाती हैं या ऊर्जाहीन।

ख़ुद को प्रेरित बनाए रखने के लिए आपको पूर्ण आशावादी बनने का संकल्प करना चाहिए। आपको अपने आस-पास के लोगों के शब्दों, कार्यों और परिस्थितियों पर सकारात्मक

प्रतिक्रिया करने का निर्णय लेना चाहिए। आपको अपने मूड और भावनाओं पर रोज़मर्रा की अपरिहार्य मुश्किलों व झटकों का असर नहीं होने देना चाहिए।

अपने आंतरिक संवाद को नियंत्रित करें

आत्म-गौरव का आपका स्तर - आप ख़ुद को कितना पसंद करते हैं और अपना कितना सम्मान करते हैं - प्रेरणा और लगन के लिए बेहद अहम है। आपको अपना आत्म-गौरव बढ़ाने के लिए ख़ुद से हर वक़्त सकारात्मक अंदाज़ में बात करनी चाहिए। "मैं ख़ुद को पसंद करता हूँ! मैं ख़ुद को पसंद करता हूँ!" जैसी बातें बार-बार तब तक कहें, जब तक कि आप उन पर यक़ीन न करने लगें व उच्च स्तरीय प्रदर्शन करने वाले व्यक्ति जैसा व्यवहार न करने लगें।

ख़ुद को प्रेरित बनाए रखने और शंका या डर की भावनाओं से उबरने के लिए लगातार कहते रहें, "मैं यह कर सकता हूँ! मैं यह कर सकता हूँ!" जब लोग पूछें कि आप कैसे हैं, तो हमेशा जवाब दें, "मैं बेहतरीन महसूस कर रहा हूँ!"

चाहे आप उस पल वास्तव में कैसा भी महसूस कर रहे हों या आपकी ज़िंदगी में कुछ भी हो रहा हो, हमेशा ख़ुश और जोशीले बने रहने का संकल्प करें। जैसा विक्टर फ्रैंकल ने अपनी बेस्टसेलिंग पुस्तक *मैन्स सर्च फ़ॉर मीनिंग* में लिखा था, "कैसी भी परिस्थिति में अपना नज़रिया चुनना इंसान की आख़िरी स्वतंत्रता है।"

अपनी समस्याओं के बारे में शिकायत करने से इंकार कर दें। उन्हें स्वयं तक सीमित रखें। जैसा कि मशहूर हास्य वक्ता एड फ़ोरमैन कहते हैं, "अपनी समस्याएँ दूसरों को कभी नहीं

बतानी चाहिए, क्योंकि 80 फ़ीसदी लोगों को तो उनकी परवाह ही नहीं होती और बाक़ी के 20 फ़ीसदी इस बात से ख़ुश होते हैं कि आप समस्या से जूझ रहे हैं।"

सकारात्मक मानसिक नज़रिया विकसित करें

पेनसिल्वेनिया यूनिवर्सिटी में मार्टिन सेलिगमैन ने बाईस साल तक एक अध्ययन कर, उसका निचोड़ अपनी पुस्तक *लर्नेड ऑप्टिमिज़्म* में पेश किया। इसमें उन्होंने कहा कि आशावाद ही वह सबसे महत्वपूर्ण गुण है, जिसे आप व्यक्तिगत और व्यावसायिक सफलता व ख़ुशी के लिए विकसित कर सकते हैं। आशावादी लोग जीवन के लगभग हर क्षेत्र में ज़्यादा असरदार नज़र आते हैं।

आशावादियों के चार ख़ास व्यवहार होते हैं, जिन्हें अभ्यास और दोहराव से सीखा जा सकता है। सबसे पहले तो आशावादी हर स्थिति में *अच्छाई की तलाश* करते हैं। चाहे कुछ भी गड़बड़ हो जाए, वे हमेशा उसमें कोई न कोई अच्छी या लाभकारी चीज़ खोजते रहते हैं। और इसमें हैरानी की कोई बात नहीं कि उन्हें यह हमेशा मिल भी जाती है।

दूसरी बात, आशावादी हमेशा *हर झटके या मुश्किल में मूल्यवान सबक़* खोज लेते हैं। वे मानते हैं कि "मुश्किलें बाधा डालने के लिए नहीं, बल्कि सिखाने के लिए आती हैं।" वे यक़ीन करते हैं कि हर बाधा या मुश्किल में एक मूल्यवान सबक़ होता है, जिसे वे सीख सकते हैं और उसे वे खोजने के लिए संकल्पवान होते हैं।

तीसरी बात, आशावादी हमेशा *हर समस्या के समाधान की तलाश* करते हैं। जब चीज़ें गड़बड़ होती हैं, तो दोष देने

या शिकायत करने के बजाय वे कर्म केंद्रित हो जाते हैं। वे ऐसे सवाल पूछते हैं, "समाधान क्या है? हम इस समय क्या कर सकते हैं? अगला क़दम क्या है?"

चौथा, आशावादी लगातार *अपने लक्ष्यों के बारे में सोचते और बात करते हैं*। वे इस बारे में सोचते हैं कि वे क्या चाहते हैं और उसे कैसे पाया जाए। वे अतीत के बारे में नहीं सोचते। वे यह नहीं सोचते कि वे कहाँ से आए हैं। वे तो भविष्य के बारे में सोचते हैं। वे यह सोचते और बात करते हैं कि वे कहाँ जा रहे हैं। वे पीछे के बजाय हमेशा आगे देखते हैं।

जब आप लगातार अपने लक्ष्यों और आदर्शों की मानसिक तस्वीर देखते हैं और ख़ुद से सकारात्मक अंदाज़ में बात करते हैं, तो आप ज़्यादा एकाग्र और ऊर्जावान महसूस करते हैं। ज़्यादा आत्मविश्वासी और रचनात्मक महसूस करते हैं। आपको नियंत्रण और शक्ति का ज़्यादा एहसास होता है।

आप जितने ज़्यादा सकारात्मक व प्रेरित महसूस करते हैं, काम शुरू करने के लिए आप उतने ही ज़्यादा उत्सुक होंगे और आगे बढ़ने के लिए उतने ही ज़्यादा संकल्पवान होंगे।

हर सुबह एक मेंढक निगल लें !

1. अपने विचारों पर क़ाबू करें। याद रखें, आप वही बन जाते हैं, जिसके बारे में आप ज़्यादातर वक़्त सोचते हैं। यह सुनिश्चित करें कि आप उन्हीं चीज़ों के बारे में सोच और बात कर रहे हों, जिन्हें आप चाहते हैं; उन चीज़ों के बारे में नहीं, जिन्हें आप नहीं चाहते हैं।

2. ख़ुद के लिए और अपने साथ होने वाली हर चीज़ के लिए पूरी ज़िम्मेदारी स्वीकार करके अपने दिमाग़ को सकारात्मक रखें। किसी भी चीज़ के लिए दूसरों की बुराई न करें, शिकायत न करें या दोष न दें। बहाने बनाने के बजाय प्रगति करने का संकल्प करें। अपने विचार और ऊर्जा आगे की तरफ़ केंद्रित करें। बाक़ी चीज़ों को जाने दें; बस इस मुद्दे पर ध्यान केंद्रित करें कि आप इस वक़्त अपनी ज़िंदगी को बेहतर बनाने के लिए क्या कर सकते हैं।

17 टेक्नोलॉजी की वजह से वक़्त बर्बाद न होने दें

ज़िंदगी की रफ़्तार बढ़ाने के अलावा भी इसमें बहुत कुछ है।

गाँधी

टेक्नोलॉजी आपकी सबसे अच्छी दोस्त भी हो सकती है और दुश्मन भी। इक्कीसवीं सदी में हम पर चारों तरफ़ से जानकारी की बमबारी हो रही है। कई लोगों के मन में यह प्रलोभन रहता है कि उन्हें हर जगह लोगों के संपर्क में रहने और संप्रेषण करने की ज़रूरत है - निजी ज़िंदगी में भी और व्यावसायिक जीवन में भी।

निरंतर संप्रेषण करने की यह प्रबल इच्छा - जिसमें सेलफ़ोन्स, ब्लैकबेरी, पर्सनल डिजिटल असिस्टेंट्स, इंटरनेट (वायर वाला भी और वायरलेस भी), और माइक्रोसॉफ़्ट आउटलुक व मैक्ज़िमाइजर जैसे संपर्क प्रबंधन तंत्र - लोगों को मनोवैज्ञानिक रूप से हाँफने पर मजबूर कर देती है। हमारे पास दो घड़ी ठहरने का भी वक़्त नहीं है, गुलाबों की ख़ुशबू लेने और अपने विचार समेटने तक की फ़ुरसत नहीं है।

आपके पास विकल्प हैं

बहरहाल, संचार क्रांति के इस दौर में भी कई सशक्त, मेहनती

और उच्च उत्पादक लोग टेक्नोलॉजी के ग़ुलाम नहीं हैं। उनकी ज़िंदगी काफ़ी हद तक उनके अपने नियंत्रण में नज़र आती है।

बिल ग्रॉस एक फ़ंड मैनेजर हैं, जिन पर 600 बिलियन डॉलर से ज़्यादा के फ़िक्स्ड इन्कम फ़ंड्स और बॉण्ड्स के प्रबंधन की ज़िम्मेदारी है। वे एकाग्र बने रहने के लिए नियमित व्यायाम और ध्यान करते हैं। इस दौरान वे टेक्नोलॉजी का ज़रा भी इस्तेमाल नहीं करते। वे अपना फ़ोन बंद कर देते हैं, अपना ब्लैकबेरी ऑफ़िस में छोड़कर आते हैं और व्यायाम करने लग जाते हैं। उनके इस काम में ऐसे लोग व्यवधान नहीं डाल पाते, जिन्हें संपर्क में रहने की कुछ ज़्यादा ही ज़रूरत महसूस होती है। और बिल का कहना है कि वे आज तक कभी कोई महत्वपूर्ण संदेश नहीं चूके हैं।

शांत, स्पष्ट और सर्वश्रेष्ठ स्तर पर प्रदर्शन करने के लिए आपको नियमित रूप से टेक्नोलॉजी और संचार साधनों से हटकर खड़े होने की ज़रूरत है। अगर आप सावधान न रहे, तो ये आपकी ज़िंदगी पर हावी हो सकते हैं।

लत न डालें

कुछ समय पहले मैं वॉशिंगटन में एक बिज़नेस लंच कर रहा था, जहाँ बहुत से उच्च स्तरीय एक्ज़ीक्यूटिव्ज़ मौजूद थे। लंच शुरू होने से पहले एक आयोजक ने उठकर एक संक्षिप्त प्रार्थना की। हर एक ने अपना सिर झुका लिया। प्रार्थना ख़त्म होते ही लंच शुरू हो गया।

बहरहाल, ऐसा लग रहा था, जैसे उस प्रार्थना का मेरी टेबल पर बैठे आठ में से चार-पाँच लोगों पर ज़ोरदार असर

हुआ था। भोजन परोसे जाने के बाद भी उनका सिर झुका हुआ था और हाथ गोद में ही थे। शायद वे दिन के गहन सवालों पर गहरे विचार में डूबे हुए थे।

फिर मुझे एहसास हुआ कि वे प्रार्थना नहीं कर रहे थे। वे सब तो ब्लैकबेरी में डूबे हुए थे। वे ई-मेल भेज रहे थे और अपने छोटे की-बोर्ड्स पर उसी तरह जुटे हुए थे, जिस तरह दीवाने किशोर वीडियो गेम में जुटे रहते हैं। उन्हें आस-पास की दुनिया का होश तक नहीं था। वे तो बस मैसेज भेजने और पाने में खोए हुए थे, जिनमें से कई मैसेज तो उसी कमरे में बैठे लोगों के लिए थे। वे टेक्नोलॉजी के जाल में फँसे हुए थे। असल में वे सूचना के आदान-प्रदान के गहरे दरिया में गिर चुके थे और डूब रहे थे।

टेक्नोलॉजी आपकी मित्र है

आधुनिक टेक्नोलॉजी का उद्देश्य काफ़ी हद तक हर क़िस्म की जानकारी की गति, कार्यकुशलता और स्पष्टता को बढ़ाना है। टेक्नोलॉजी का मकसद जीवन की गुणवत्ता को बेहतर बनाने में हमारी मदद करना है। यह हमारे प्रमुख काम तेज़ी से निबटाने में मदद करती है। यह हमारे लिए महत्वपूर्ण लोगों के साथ संचार को ज़्यादा तेज़ और कार्यकुशल बना देती है।

लेकिन संचार तंत्र का इस्तेमाल जल्द ही लत में बदल सकता है। लोग सुबह उठते ही फ़ौरन देखते हैं कि क्या किसी ने उन्हें फ़ोन किया या उनके सेल फ़ोन पर कोई वॉइस मेल मैसेज आया। इसके बाद वे दौड़कर अपने कंप्यूटर के पास जाते हैं और ई-मेल अकाउंट चेक करते हैं कि किसी ने रात को उन्हें मेल तो नहीं भेजा। वे ऑफ़िस में फ़ोन करके पता

लगाते हैं कि पिछले कुछ घंटों में किसी ने ऐसा कुछ कहा या किया है, जिसके बारे में उन्हें जानकारी होनी चाहिए। वे हर पाँच-छह मिनट बाद अपने माइक्रोसॉफ़्ट कैलेंडर, अपने पर्सनल डिजिटल असिस्टेंट्स, अपने ब्लैकबेरी यंत्रों और अन्य संचार तकनीकों की जाँच करते हैं और यह सुनिश्चित करते हैं कि वे कोई चीज़ चूक तो नहीं रहे हैं। ऐसी लत को बेक़ाबू होने से पहले छोड़ना ज़रूरी है।

अपना समय वापस लें

मेरे एक क्लाएंट के डिस्ट्रिब्यूटर्स उन्नीस राज्यों में फैले हुए हैं। वह अपने कंप्यूटर से बँधा हुआ महसूस करता था और हर दिन कई घंटों तक ई-मेल भेजता और पढ़ता रहता था। वह अपने कंप्यूटर पर जितना ज़्यादा वक़्त गुज़ारता था, महत्वपूर्ण काम उतने ही कम पूरे हो पाते थे। अधूरे कामों की वजह से जो तनाव पैदा होता था, वह किसी हिमखंड की तरह उसके सिर पर लटकता रहता था। इससे उसके व्यक्तित्व, सेहत और नींद पर बुरा असर पड़ रहा था।

हमने उसे 80/20 का नियम सिखाया और यह भी कि इसे ई-मेल्स पर कैसे लागू किया जा सकता है। उसके पास आने वाले 80 प्रतिशत ई-मेल महत्वहीन होते थे, जिन्हें खोलने की भी ज़रूरत नहीं थी। उन्हें तो फ़ौरन डिलीट कर देना चाहिए।

बचे हुए 20 प्रतिशत में से सिर्फ़ 20 प्रतिशत यानी कि उसके कुल जमा 4 प्रतिशत ई-मेल्स में ही दरअसल किसी तरह की तात्कालिक प्रतिक्रिया की ज़रूरत थी। बाक़ी 16 प्रतिशत को अस्थायी तौर पर नज़रअंदाज़ किया जा सकता

था या एक एक्शन फोल्डर में डाला जा सकता था, जहाँ उनसे एक बार में एक-एक करके निबटा जा सकता था।

काम सौंपें

मेरे क्लाएंट को ऐसा लगता था कि किसी दूसरे में उसके ई-मेल्स छाँटने की क़ाबिलियत नहीं है। यही वजह थी कि वह हर दिन 300 से ज़्यादा ई-मेल ख़ुद पढ़ता था, चाहे उस काम में कितना भी वक़्त लगे। हमने उससे कहा कि वह अपनी सेक्रेटरी को यह बता दे कि कौन से ई-मेल महत्वपूर्ण होते हैं, कौन से महत्वहीन और साथ में यह भी समझा दे कि सबसे आम सवालों और आग्रहों से कैसे निबटना है।

उसे यह देखकर हैरानी हुई कि सिर्फ़ दो ही घंटों में उसकी सेक्रेटरी इतना समझ गई कि उसका ई-मेल अकाउंट बख़ूबी सँभालने लगी। उसके बाद वह हर सुबह आती और उन 80 फ़ीसदी ई-मेल्स को डिलीट कर देती थी, जो महत्वहीन होते थे। फिर वह उन महत्वपूर्ण ई-मेल्स को एक अलग फ़ोल्डर में डाल देती थी, जिनमें उसके बॉस से कोई निजी काम करने का आग्रह होता था। अगर किसी ई-मेल के बारे में कोई संदेह होता था, तो वह उसे एक "प्रोसेस" फ़ोल्डर में डाल देती थी, ताकि बॉस अपनी सुविधा से उसे देख सकें।

अगली मुलाक़ात में उस क्लाएंट ने मुझे बताया कि उसने इस अभ्यास के परिणामों की गणना करके यह हिसाब लगाया है कि अब हर हफ़्ते उसके तेईस घंटे बच रहे हैं, जिनमें वह अपने सारे मेंढक निगल सकता है और अपने सबसे महत्वपूर्ण काम निबटा सकता है। इस उपाय ने उसकी ज़िंदगी बदलकर दी, उसके तनाव का स्तर कम कर दिया। इससे उसकी सेहत

और ऊर्जा बेहतर हो गई और वह ज़्यादा शांत व सकारात्मक बन गया।

अब यहाँ आपके लिए एक सवाल है : आपकी ज़िंदगी किस तरह बदलेगी, अगर आपको हर हफ़्ते तेईस घंटे अतिरिक्त मिलें, जिनमें आप सोच सकें, काम कर सकें, योजना बना सकें, महत्वपूर्ण सहकर्मियों के साथ बातचीत कर सकें या अपने जीवनसाथी के साथ टहलने जा सकें?

ग़ुलाम न बनें

फ़ॉरच्यून मैग्ज़ीन के एक पत्रकार ने कुछ समय पहले लिखा था कि जब वह दो हफ़्ते की छुट्टी के बाद ऑफ़िस लौटा, तो 700 से ज़्यादा ई-मेल उसका इंतज़ार कर रहे थे। उसे एहसास हुआ कि उन सभी से निबटने में एक हफ़्ते का समय लग जाएगा, जिस दौरान वह अपनी डेस्क पर इंतज़ार कर रहे अन्य प्रोजेक्ट्स नहीं निबटा पाएगा।

कैरियर में पहली बार उसने गहरी साँस ली और डिलीट ऑल बटन दबाकर 700 ई-मेल्स को हमेशा-हमेशा के लिए मिटा दिया। फिर वह उन प्रोजेक्ट्स में व्यस्त हो गया, जो उसके और उसकी कंपनी के लिए सचमुच महत्वपूर्ण थे।

उसका स्पष्टीकरण सरल था : "मुझे एहसास हुआ कि किसी के मुझे ई-मेल भेजने का यह मतलब नहीं है कि वह मेरे जीवन पर हावी हो जाए और मुझे उसका जवाब हर हाल में देना पड़े - अभी या कभी। इसके अलावा मुझे यह भी लगा कि अगर कोई ई-मेल वाक़ई महत्वपूर्ण होगा, तो भेजने वाला दोबारा भेजेगा।" और यही हुआ।

मालकिन नहीं, दासी

आपके बिज़नेस या निजी ज़िंदगी में जो थोड़ी सी चीज़ें सबसे ज़्यादा फ़र्क़ पैदा करती हैं, उन पर ध्यान केंद्रित करने के लिए आपको ख़ुद को अनुशासित करना होगा, ताकि आप टेक्नोलॉजी को अपनी मालकिन नहीं, दासी मानें। टेक्नोलॉजी आपकी मदद करने के लिए है, बाधा डालने के लिए नहीं। टेक्नोलॉजी का उद्‌देश्य जटिलता, दुविधा और तनाव पैदा करना नहीं है। इसका उद्‌देश्य तो आपके जीवन को आसान और सुचारु बनाना है।

टेक्नोलॉजी से निबटने का एक बहुत अच्छा नियम बस "इसे छोड़ देना" है। सुबह उठते ही संचार तंत्र चालू करने की इच्छा का प्रतिरोध करें। रेडियो बंद रहने दें। टीवी बंद रहने दें। अपना सेल फ़ोन बंद रहने दें। कंप्यूटर बंद रहने दें, जब तक कि आप अपने पूरे दिन की योजना न बना लें और उसे व्यवस्थित न कर लें। जान-बूझकर जीवन में ख़ामोशी के दायरे बना लें, जिन्हें तोड़कर कोई भी व्यक्ति या वस्तु आप तक पहुँच न सके। नियमित रूप से ठहरने और "ख़ामोशी को सुनने" के लिए ख़ुद को मजबूर करके अपनी आंतरिक शांति क़ायम रखें।

कई बार, ज़्यादा मूल्यवान चीज़ों को ज़्यादा करने के लिए आपको कम मूल्यवान चीज़ें छोड़नी होंगी। ख़ुद से पूछते रहें, "यहाँ महत्वपूर्ण क्या है?" आपके लिए कामकाज में क्या हासिल करना महत्वपूर्ण है? आपकी निजी ज़िंदगी में क्या महत्वपूर्ण है? अगर आप अपनी सिर्फ़ एक-दो गतिविधियाँ ही कर सकें, तो वे कौन सी होंगी?

सतत संपर्क अनिवार्य नहीं है

याद रखें, जब आप एक दिन, एक हफ़्ते या एक महीने के लिए छुट्टी पर या बिज़नेस से दूर चले जाते हैं और संचार तंत्र टूटने के कारण संपर्क में नहीं रहते, तो कुछ भी नहीं होता। दुनिया अच्छी तरह चलती रहती है, भले ही आप लगातार संपर्क में रहें या न रहें। समस्याएँ सुलझती हैं, जवाब खोज लिए जाते हैं, काम पूरा हो जाता है और ज़िंदगी पुरानी नदी की तरह बहती रहती है। बहुत कम चीज़ें इतनी महत्वपूर्ण होती हैं कि इंतज़ार न कर सकें।

लोग मेरे सेमिनारों में अक्सर मुझसे पूछते हैं, "लेकिन क्या आपको अख़बार पढ़कर, रेडियो सुनकर और टीवी देखकर ताज़ा ख़बरों की जानकारी नहीं रखनी होती है?"

मैं उनसे कहता हूँ, "अगर ख़बरें सचमुच महत्वपूर्ण है, तो कोई न कोई आपको बता ही देगा।" अगर घर, ऑफ़िस, देश या दुनिया में कोई महत्वपूर्ण चीज़ घटी है, तो कोई दूसरा आपके लिए घंटों तक वह न्यूज़ देखेगा और आम तौर पर पहला मौक़ा मिलते ही आपको बता देगा।

कई लोग अख़बार बंद कर देते हैं, टीवी पर न्यूज़ देखना छोड़ देते हैं और रेडियो सुनना बंद कर देते हैं। और हैरानी की बात यह है कि इसके बावजूद सबसे महत्वपूर्ण विषयों के बारे में उन्हें अच्छी जानकारी रहती है। कोई न कोई हमेशा उन्हें नवीनतम जानकारी देता रहता है। आपको भी ऐसा ही बनना चाहिए।

हर सुबह एक मेंढक निगल लें !

1. आज ही अपनी रोज़मर्रा की गतिविधियों के दौरान ख़ामोशी के दायरे बनाने का संकल्प करें। सुबह और शाम एक-एक घंटे तक सभी संचार तंत्र और टेक्नोलॉजी को बंद कर दें। जो होगा, उससे आप हैरान रह जाएँगे : कुछ भी नहीं होगा!

2. हर हफ़्ते एक पूरा टेक्नोलॉजी-विहीन दिन बिताने का संकल्प करें, जिसमें आप अपना कंप्यूटर नहीं छुएँगे, अपना ब्लैकबेरी चेक नहीं करेंगे या टेक्नोलॉजी की दुनिया से संपर्क करने की कोई कोशिश नहीं करेंगे। आवाज़ के सिवा किसी अन्य संपर्क के बिना रात तक आपका मस्तिष्क शांत और स्पष्ट हो जाएगा। अपनी मानसिक बैटरी को रीचार्ज होने का समय देने और संचार के अनंत व्यवधानों से मुक्ति पाने की बदौलत आप ज़्यादा शांत, जागरूक और चौकस हो जाएँगे।

18 काम को टुकड़ों में बाँट लें

शुरुआत में आदत एक अदृश्य धागे जैसी होती है, लेकिन जब भी हम उस काम को दोहराते हैं, तो हम उसमें एक और रेशा जोड़कर धागे को मज़बूत कर लेते हैं और यह सिलसिला तब तक चलता रहता है, जब तक कि आदत मोटी रस्सी बनकर हमें कसकर बाँध नहीं लेती – हमारे विचारों और कामों को।

ओरिसन स्वेट मार्डन

बड़े और महत्वपूर्ण कामों में टालमटोल करने की एक ख़ास वजह यह है कि जब आप उन्हें पहली बार करने जाते हैं, तो वे बहुत बड़े और डरावने दिखते हैं।

इसके लिए आप एक तकनीक का इस्तेमाल कर सकते हैं। "सलामी स्लाइस" विधि का इस्तेमाल करके बड़े काम के आकार को छोटा कर लें। इस विधि में आप बड़े काम को ग़ौर से देखते हैं और हाल-फ़िलहाल काम के बस एक ही टुकड़े को करने का संकल्प करते हैं। यह वैसा ही है, जैसे एक बार में सलामी रोल का एक टुकड़ा खाना - या एक बार में हाथी का एक निवाला खाना।

मनोवैज्ञानिक दृष्टि से भी आपको पूरे काम के बजाय उसका एक छोटा टुकड़ा करना ज़्यादा आसान लगेगा। अक्सर, जब आप काम शुरू कर देते हैं और काम के एक हिस्से को

पूरा कर लेते हैं, तो आप दूसरे हिस्से को भी पूरा करने के लिए तैयार महसूस करते हैं। जल्द ही आप पाएँगे कि आप एक वक़्त में एक हिस्सा काम निबटा रहे हैं और इससे पहले कि आपको पता चल पाए, काम पूरा हो जाएगा।

काम पूरा करने की अनिवार्यता विकसित करें

याद रखने वाली महत्वपूर्ण बात यह है कि आपके भीतर "पूर्णता की आकांक्षा" गहराई में मौजूद है। इसे अक्सर "पूर्णता की अनिवार्यता" (compulsion to closure) भी कहा जाता है। इसका मतलब है कि जब आप कोई भी काम शुरू और पूरा करते हैं, तो आप वास्तव में ज़्यादा ख़ुश और शक्तिशाली महसूस करते हैं। आप किसी काम या प्रोजेक्ट को पूर्णता तक लाने की गहरी अवचेतन आवश्यकता को संतुष्ट करते हैं। पूर्णता का यह एहसास आपको अगला काम या प्रोजेक्ट शुरू करने और फिर उसके पूरे होने तक लगन से जुटे रहने के लिए प्रेरित करता है। जैसा कि पहले बताया जा चुका है, पूर्णता का यह काम आपके दिमाग़ में एंडॉर्फ़िन्स को प्रवाहित करता है।

और पूरा किया जा चुका काम जितना बड़ा होगा, आप उतना ही बेहतर और ज़्यादा ख़ुश महसूस करेंगे। आप जितना बड़ा मेंढक निगलेंगे। शक्ति और ऊर्जा का उतना ही ज़बर्दस्त सैलाब महसूस करेंगे।

जब आप काम के किसी छोटे टुकड़े को शुरू और पूरा करते हैं, तो आप दूसरे हिस्से को शुरू और पूरा करने के लिए प्रेरित महसूस करते हैं, फिर एक और, फिर एक और। आगे की तरफ़ उठने वाला हर क़दम आपको ऊर्जा देता है।

जल्द ही आप एक आंतरिक प्रेरणा विकसित कर लेते हैं, जो आपको लगन से काम पूरा करने के लिए प्रेरित करती है। यह पूर्णता आपको सफलता से जुड़ी ख़ुशी और संतुष्टि की महान भावना देती है।

अपने कामों को "स्विस चीज़" कर लें

ख़ुद को आगे बढ़ाने के लिए आप एक और तकनीक का इस्तेमाल कर सकते हैं, जिसे काम करने की "स्विस चीज़" विधि कहते हैं। इस तकनीक में आप काम में एक होल पंच करने का संकल्प करते हैं, जिस तरह आप स्विस चीज़ के टुकड़े में छेद करते हैं।

स्विस चीज़ विधि को किसी काम पर लागू करने का मतलब यह है कि आप इस पर एक निश्चित अवधि तक काम करने का संकल्प करते हैं। यह पाँच-दस मिनट जितनी कम अवधि भी हो सकती है। इसके बाद आप वह काम बंद कर देंगे और कोई दूसरी चीज़ करेंगे। आप अपने मेंढक का बस एक निवाला निगलेंगे और फिर आराम करेंगे या कोई दूसरा काम करेंगे।

यह विधि भी सलामी स्लाइस विधि जितनी ही शक्तिशाली है। एक बार जब आप काम शुरू कर देते हैं, तो आपमें गति का एहसास और उपलब्धि की भावना आ जाती है। आप ऊर्जावान और उत्साही बन जाते हैं। आप काम पूरा होने तक उसे जारी रखने के लिए भीतर से प्रेरित और उत्सुक हो जाते हैं।

जब आप पहली बार कोई डरावना दिखने वाला बड़ा काम करने जाएँ, तो आपको उस पर सलामी स्लाइस या स्विस

चीज़ विधि की कोशिश करनी चाहिए। ये दोनों ही तकनीकें टालमटोल छोड़ने में आपकी इतनी मदद करेंगी कि आप हैरान रह जाएँगे।

मेरे कई मित्र बेस्टसेलिंग लेखक हैं। उन्होंने ऐसा कैसे किया? उन्होंने संकल्प किया था कि वे हर दिन एक पेज या एक पैरेग्राफ तब तक लिखते रहेंगे, जब तक कि पुस्तक पूरी न हो जाए। आप भी ऐसा ही कर सकते हैं।

हर सुबह एक मेंढक निगल लें !

1. "सलामी स्लाइस" या "स्विस चीज़" तकनीक पर फ़ौरन अमल करें। अगर आप किसी बड़े, जटिल और बहुआयामी काम को टालते आ रहे हों, तो इन तकनीकों के सहारे उसे शुरू कर दें।

2. कर्मकेंद्रित बनें। उच्च्च प्रदर्शन करने वाले लोगों का एक आम गुण यह है कि वे जब भी कोई अच्छा विचार सुनते हैं, तो उस पर फ़ौरन अमल करने लगते हैं। परिणाम यह होता है कि वे ज़्यादा सीखते हैं, ज़्यादा तेज़ी से सीखते हैं और ज़्यादा अच्छे परिणाम हासिल करते हैं। देर न करें। आज ही आज़माकर देखें!

19 समय के बड़े कालखंड निर्मित करें

सीमित लक्ष्यों पर अपनी सारी ऊर्जा केंद्रित करने से आपके जीवन में जितनी शक्ति आती है, उतनी किसी दूसरी चीज़ से नहीं आती।

–नीडो क्यूबीन

आप जो सबसे महत्वपूर्ण काम करते हैं, उनमें से अधिकांश को पूरा करने के लिए समय के बड़े, अटूट कालखंडों (large chunks) की ज़रूरत होती है। ज़्यादा मूल्य और उत्पादकता के इन कालखंडों को बनाने और इनका इस्तेमाल करने की क़ाबिलियत आपके काम-धंधे और जीवन में महत्वपूर्ण योगदान देने में केंद्रीय महत्व रखती है।

सफल सेल्सपीपुल प्रॉस्पेक्ट्स को फ़ोन करने के लिए एक निश्चित समय अलग रख देते हैं। इस अनचाहे काम में टालमटोल करने या देर करने के बजाय वे संकल्प करते हैं कि वे घंटे भर तक फ़ोन करेंगे - मसलन, सुबह 10 बजे से 11 बजे तक। फिर वे इस संकल्प पर काम करने के लिए ख़ुद को अनुशासित करते हैं।

कई बिज़नेस एक्ज़ीक्यूटिव्ज़ हर दिन अपना निश्चित समय अलग रख देते हैं, जिसमें वे ग्राहकों से सीधे फ़ीडबैक लेने के लिए फ़ोन करते हैं या फ़ोन और पत्रों का जवाब देते हैं।

कुछ लोग हर दिन व्यायाम के लिए तीस से साठ मिनट का निश्चित समय आवंटित कर लेते हैं। कई लोग सोने से पहले हर रात पंद्रह मिनट तक बेहतरीन पुस्तकें पढ़ते हैं। इस तरह अंततः वे दर्जनों बेहतरीन पुस्तकें पढ़ लेते हैं।

इन कालखंडों को दिनचर्या में स्थान दें

निश्चित कालखंडों में काम करने की इस विधि की सफलता की कुंजी यह है कि आप अपने दिन की योजना पहले से बना लें और किसी ख़ास गतिविधि या काम के लिए एक निश्चित समय तय कर लें। अकेले में काम करने के अपॉइंटमेंट तय करें और फिर उन्हें पूरा करने के लिए ख़ुद को अनुशासित करें। महत्वपूर्ण काम शुरू या पूरा करने के लिए तीस, साठ और नब्बे मिनट के कालखंड अलग रख दें।

कई बेहद उत्पादक लोग दिन भर पहले से नियोजित कालखंडों में निश्चित गतिविधियों की योजना बना लेते हैं। ये लोग अपने कार्य जीवन को एक वक़्त में एक महत्वपूर्ण परिणाम हासिल करने पर केंद्रित कर लेते हैं। इससे वे ज़्यादा उत्पादक बन जाते हैं और अंततः आम आदमी से दोगुना, तिगुना और पाँच गुना ज़्यादा हासिल कर लेते हैं।

टाइम प्लानर का इस्तेमाल करें

टाइम प्लानर में हर दिन, घंटे और मिनट की योजना बनाई जा सकती है। यह व्यक्तिगत उत्पादकता के सबसे शक्तिशाली साधनों में से एक है। इसकी बदौलत आप देख सकते हैं कि

एकाग्रचित काम के लिए समय के बड़े कालखंड कहाँ बनाए जा सकते हैं।

काम दौरान फ़ोन बंद कर दें, सारे व्यवधानों को ख़त्म कर दें और बिना रुके काम करें। इसके लिहाज़ से एक अच्छी आदत यह है कि आप सुबह जल्दी उठकर घर पर कई घंटे काम कर लें। व्यस्त ऑफ़िस की तुलना में आप घर पर तीन गुना ज़्यादा काम निबटा सकते हैं, क्योंकि घर पर कोई व्यवधान नहीं होता, जबकि ऑफ़िस में आप लोगों से घिरे रहते हैं और फ़ोन कॉल्स की बमबारी भी होती रहती है।

हर मिनट को महत्त्वपूर्ण बनाएँ

बिज़नेस के सिलसिले में हवाई यात्रा करते वक़्त आप हवा में अपना ऑफ़िस बना सकते हैं, बशर्ते आप चलने से पहले अपने काम की योजना बना लें। जब हवाई जहाज़ उड़ता है, तो आप पूरी यात्रा में बिना रुके काम कर सकते हैं। आप यह देखकर हैरान रह जाएँगे कि आपका कितना सारा काम निबट जाता है, क्योंकि हवाई जहाज़ में आप बिना किसी व्यवधान के लगातार काम कर सकते हैं।

प्रदर्शन और उत्पादकता के उच्च स्तरों की एक कुंजी हर मिनट को महत्त्वपूर्ण बनाना है। ज़्यादा बड़े कामों के छोटे टुकड़ों को पूरा करने के लिए यात्रा के समय का इस्तेमाल करें, जिसे अक्सर "समय का उपहार" कहा जाता है।

याद रखें, पिरामिड एक बार में एक-एक पत्थर करके बने थे। महान जीवन या कैरियर एक वक़्त में एक काम - और अक्सर काम के एक हिस्से - से बनता है। समय प्रबंधन में आपकी ज़िम्मेदारी यह है कि आप चेतन रहते हुए

रचनात्मकता से कुछ बड़े कालखंड बना लें, ताकि अपने सबसे प्रमुख काम अच्छी तरह और समय पर निबटा सकें।

हर सुबह एक मेंढक निगल लें !

1. लगातार ऐसे तरीके सोचें, जिनसे आप समय के बड़े कालखंड बचा सकते हों, निर्धारित कर सकते हों, घनीभूत कर सकते हों। इनका इस्तेमाल ऐसे महत्वपूर्ण कामों को निबटाने में करें, जिनके सबसे महत्वपूर्ण दीर्घकालीन परिणाम हों।

2. हर मिनट को महत्वपूर्ण बनाएँ। पहले से अपने काम की योजना बनाकर और तैयारी करके लगातार, बिना व्यवधान के काम करें। सबसे बड़ी बात, उन सबसे महत्वपूर्ण परिणामों पर ध्यान केंद्रित रखें, जिनके लिए आप ज़िम्मेदार हैं।

20 शीघ्रता का एहसास विकसित करें

> इंतज़ार न करें। समय कभी "बिलकुल सही" नहीं होगा। वहीं से शुरू कर दें, जहाँ आप खड़े हैं। उन्हीं साधनों से काम करें, जो आपके पास मौजूद हैं। रास्ते में आपको बेहतर साधन अपने आप ही मिल जाएँगे।
>
> नेपोलियन हिल

उच्च प्रदर्शन करने वाले लोगों का सबसे उल्लेखनीय गुण शायद कर्म केंद्रित होना है। उन्हें अपने प्रमुख कामों को पूरा करने की जल्दी होती है। बेहद उत्पादक लोग सोच-विचार करने, योजना बनाने और प्राथमिकता तय करने का समय निकालते हैं। फिर वे तेज़ी से काम शुरू कर देते हैं और पूरी ऊर्जा से अपने लक्ष्यों व उद्देश्यों की ओर बढ़ने लगते हैं। वे लगातार, सुचारु ढंग से और निरंतर काम करते हैं। नतीजा यह होता है कि वे उतने ही समय में बहुत ज़्यादा काम कर लेते हैं, जितना आम आदमी सामाजिक संबंधों, गपशप और कम महत्व की गतिविधियों में लगाता है।

"लय" में आना

जब आप सक्रियता के उच्च और निरंतर स्तर पर अपने सबसे महत्वपूर्ण काम करते हैं, तो आप दरअसल एक अद्भुत मानसिक अवस्था में पहुँच जाते हैं, जिसे "लय" (flow) कहा

जाता है। लगभग हर व्यक्ति ने इसे कभी न कभी महसूस किया होगा। असल में सफल लोग वे होते हैं, जो ख़ुद को इस अवस्था में आम आदमी से ज़्यादा बार पहुँचाते हैं।

जब आप लय में होते हैं – जो कि प्रदर्शन और उत्पादकता की सर्वोच्च अवस्था है – तो आपके दिमाग़ और भावनाओं के साथ एक चमत्कार जैसा होता है। आप प्रफुल्लित और स्पष्ट महसूस करते हैं। आपका हर काम प्रयासरहित और सटीक होता है। आप ख़ुश और ऊर्जावान महसूस करते हैं। आपको शांति और बढ़ी हुई प्रभावकारिता का ज़बर्दस्त एहसास होता है।

लय की अवस्था के बारे में सदियों से बात होती आई है। दरअसल इसमें आप स्पष्टता, रचनात्मकता और क्षमता के ज़्यादा ऊँचे स्तर पर काम करते हैं। आप ज़्यादा संवेदनशील और जागरूक होते हैं। आपका अंतर्ज्ञान और सहजबोध असाधारण रूप से सटीक हो जाता है। आप अपने आस-पास के लोगों और परिस्थितियों के बीच के अंर्तसंबधों को देख पाते हैं। आपके मन में अक्सर बेहतरीन और नायाब विचार आते हैं, जो आपको ज़्यादा तेज़ी से आगे देखने व बढ़ने के क़ाबिल बनाते हैं।

अपने उच्च प्रदर्शन को प्रेरित करें

शीघ्रता (urgency) का एहसास विकसित करना, लय की अवस्था को प्रेरित करने का बेहतरीन तरीक़ा है। यह काम को फटाफट और तेज़ी से पूरा करने की आंतरिक प्रेरणा और इच्छा है। यह आपको आगे बढ़ने और बढ़ते रहने के लिए प्रेरित करने वाली अधीरता है। शीघ्रता का एहसास ख़ुद से

होड़ करने जैसा होता है।

शीघ्रता के इस अंतर्निहित एहसास के साथ आप "कर्म की प्रवृत्ति" विकसित करते हैं। आप क्या करने वाले हैं, इसके बारे में लगातार बात करने के बजाय आप कर्म करने लगते हैं। आप उन विशिष्ट क़दमों पर ध्यान केंद्रित करते हैं, जिन्हें आप फ़ौरन उठा सकते हैं। आप उन चीज़ों पर ध्यान केंद्रित करते हैं, जिन्हें आप अपने मनचाहे परिणामों और लक्ष्यों को पाने के लिए इसी वक़्त कर सकते हैं।

तेज़ गति हर महान सफलता की बुनियाद है। इस गति को विकसित करने के लिए यह ज़रूरी है कि आप चलना शुरू कर दें और निरंतर चलते रहें। आप जितनी ज़्यादा तेज़ी से चलते हैं, उतनी ही ज़्यादा तेज़ी से चलने के लिए प्रेरित महसूस करते हैं। आप "दायरे" में दाख़िल हो जाते हैं।

गति का एहसास बनाएँ

जब आप अपने सबसे महत्वपूर्ण लक्ष्यों की दिशा में निरंतर काम करते हैं, तो आप सफलता के गति सिद्धांत को सक्रिय कर देते हैं। यह सिद्धांत कहता है कि हालाँकि निष्क्रियता से उबरने और काम शुरू करने के लिए बहुत ज़्यादा ऊर्जा की ज़रूरत होती है, लेकिन एक बार शुरू होने के बाद आगे बढ़ते रहने के लिए बहुत कम ऊर्जा की ज़रूरत होती है।

अच्छी ख़बर यह है कि आप जितनी तेज़ी से बढ़ते हैं, आपमें उतनी ही ज़्यादा ऊर्जा आती है। आप जितनी तेज़ी से बढ़ते हैं, आप उतना ही ज़्यादा काम करते हैं और उतने ही ज़्यादा प्रभावी महसूस करते हैं। आप जितनी तेज़ी से बढ़ते हैं, उतना ही ज़्यादा अनुभव हासिल करते और सीखते हैं।

आप जितनी तेज़ी से बढ़ते हैं, अपने काम में उतने ही ज़्यादा माहिर और क़ाबिल बनते हैं।

शीघ्रता का एहसास आपको ख़ुद-ब-ख़ुद कैरियर के द्रुतगामी मार्ग पर पहुँचा देता है। आप जितनी तेज़ी से काम करते हैं और जितना ज़्यादा काम निबटा लेते हैं, आपके आत्म-गौरव, आत्मसम्मान और व्यक्तिगत गर्व का स्तर उतना ही ऊँचा होगा। आप अपनी ज़िंदगी और काम के पूरे नियंत्रण में महसूस करेंगे।

इसे अभी कर दो!

शुरू करने का एक बहुत सरल, लेकिन शक्तिशाली तरीक़ा बार-बार ख़ुद से कहना है, "इसे अभी कर दो! इसे अभी कर दो! इसे अभी कर दो!"

अगर आप महसूस करते हैं कि आपकी गति धीमी हो गई है या बातचीत या कम मूल्य की गतिविधियों के कारण आप विचलित हो गए हैं, तो मन ही मन ये शब्द बार-बार दोहराएँ, "दोबारा काम पर! दोबारा काम पर! दोबारा काम पर!"

अंतिम विश्लेषण में यह कहा जा सकता है, आपके कैरियर में कोई भी आपकी इतनी मदद नहीं करेगा, जितनी कि यह छवि कि आप महत्त्वपूर्ण काम को जल्दी और अच्छी तरह पूरा करते हैं। यह छवि आपको अपने क्षेत्र के सबसे मूल्यवान और सम्मानित व्यक्तियों में से एक बना देगी।

हर सुबह एक मेंढक निगल लें !

1. आज ही अपने हर काम में शीघ्रता का एहसास विकसित करने का संकल्प करें। एक ऐसा क्षेत्र चुन लें, जहाँ आपमें टालमटोल करने की प्रवृत्ति हो और फिर उस क्षेत्र में तेज़ी से काम करने की आदत डालने का फ़ैसला करें।

2. जब आप कोई अवसर या समस्या देखें, तो उस पर फ़ौरन काम करें। जब आपको कोई काम या ज़िम्मेदारी दी जाए, तो तत्काल उसे पूरा करें और तेज़ी से रिपोर्ट पेश करें। ज़िंदगी के हर महत्वपूर्ण क्षेत्र में ज़्यादा तेज़ी से बढ़ें। इसके बाद आप इतना बेहतर महसूस करेंगे और इतना ज़्यादा हासिल करेंगे कि आप ख़ुद हैरान रह जाएँगे।

21 हर काम को एक ही बार में निबटाएँ

यही सच्ची शक्ति का रहस्य है। सतत अभ्यास से सीखें कि किसी पल में अपने संसाधनों को किसी निश्चित बिंदु पर किस तरह एकत्रित और एकाग्र किया जाता है।

जेम्स एलन

हर सुबह एक मेंढक निगल लें! नियोजन, प्राथमिकीकरण और व्यवस्थापन का हर हिस्सा इसी सरल अवधारणा पर टिका हुआ है। मानव जाति की हर महान उपलब्धि से पहले मुश्किल, एकाग्रचित्त काम की लंबी अवधि रही है, जब तक कि काम पूरा नहीं हो गया। अपना सबसे महत्वपूर्ण काम चुनने, उसे शुरू करने और फिर उसके पूर्ण होने तक पूरे दिल से उस पर एकाग्र होने की क़ाबिलियत प्रदर्शन और व्यक्तिगत उत्पादकता के उच्च स्तरों की कुंजी है।

पहला क़दम बढ़ाने के बाद चलते रहें

एक ही बार में काम निबटाने के लिए यह ज़रूरी होता है कि जब आप कोई काम शुरू कर दें, तो बिना किसी व्यवधान के तब तक जुटे रहें, जब तक कि वह 100 प्रतिशत पूरा न

हो जाए। जब भी आपके मन में रुकने या किसी दूसरे काम को करने का प्रलोभन आए, तो आप "दोबारा काम पर" शब्द को दोहराते हुए अपने भीतर आगे बढ़ने की इच्छा जगाते रहें।

अपने सबसे महत्वपूर्ण काम पर एकाग्रता से ध्यान केंद्रित करके आप उसमें लगने वाले समय को 50 प्रतिशत या उससे भी कम कर सकते हैं।

एक अनुमान के मुताबिक़ काम शुरू करने और रोकने - उसे उठाने, उसे रखने और दोबारा उस पर लौटने - की प्रवृत्ति से, उसमें लगने वाला समय 500 प्रतिशत तक बढ़ सकता है। हर बार जब आप उस काम पर लौटते हैं, तो आपको दोबारा वहाँ तक की पृष्ठभूमि जाननी होगी, जहाँ आपने उसे छोड़ा था। फिर आपको नए सिरे से बचे हुए काम के बारे में विचार करना होगा। आपको निष्क्रियता से उबरना होगा और दोबारा चलना होगा। आपको गति विकसित करनी होगी और उत्पादक काम की लय में आना होगा।

लेकिन जब आप पूरी तैयारी करके शुरू करते हैं और काम पूरा होने तक बीच में नहीं रुकते या इधर-उधर नहीं मुड़ते, तो आप ऊर्जा, उत्साह और प्रेरणा विकसित कर लेते हैं। आप बेहतर और ज़्यादा उत्पादक बन जाते हैं। आप ज़्यादा तेज़ी से और असरदार ढंग से काम करते हैं।

समय बर्बाद न करें

हक़ीक़त यह है कि जब एक बार आप अपना सबसे मूल्यवान काम करने का फ़ैसला कर लेते हैं, तो उसके अलावा कोई दूसरा काम करना तुलनात्मक रूप से समय की बर्बादी है।

कोई अन्य गतिविधि आपकी ख़ुद की प्राथमिकताओं की कसौटी पर उस काम जितनी मूल्यवान या महत्वपूर्ण नहीं है।

आप किसी काम में लगातार जुटकर ख़ुद को जितना ज़्यादा अनुशासित करते हैं, "कार्यकुशलता के ग्राफ़" पर उतनी ही ज़्यादा तरक़्क़ी करते हैं। आप कम से कम समय में ज़्यादा से ज़्यादा गुणवत्तापूर्ण काम करते हैं।

बहरहाल, हर बार जब आप काम रोकते हैं, तो इस चक्र को तोड़ देते हैं और ग्राफ़ में दोबारा पीछे पहुँच जाते हैं, जहाँ काम का हर हिस्सा ज़्यादा मुश्किल और समयसाध्य है।

आत्म-अनुशासन ही कुंजी है

अल्बर्ट हबार्ड ने आत्म-अनुशासन की परिभाषा देते हुए कहा था, "ख़ुद से वह काम करवाने की योग्यता, जो आपको करना चाहिए, जब आपको करना चाहिए, भले ही आपका मूड हो या न हो।"

अंतिम विश्लेषण में, किसी क्षेत्र में सफलता पाने के लिए टनों अनुशासन की ज़रूरत होती है। आत्म-अनुशासन, आत्म-विजय और आत्म-नियंत्रण चरित्र और उच्च प्रदर्शन की ईंटें हैं।

उच्च प्राथमिकता वाला काम शुरू करना और फिर उसके पूरे होने तक उसमें लगन से जुटे रहना आपके चरित्र, इच्छाशक्ति और संकल्प का सच्चा इम्तिहान है। लगन दरअसल सक्रिय आत्म-अनुशासन है। अच्छी ख़बर यह है कि आप किसी महत्वपूर्ण काम में लगन के साथ ख़ुद को जितना ज़्यादा अनुशासित करते हैं, ख़ुद को उतना ही ज़्यादा

पसंद करते हैं और अपना उतना ही ज़्यादा सम्मान करते हैं। आपका आत्म-गौरव भी उतना ही ज़्यादा बढ़ जाता है। आप ख़ुद को जितना ज़्यादा पसंद करते हैं तथा अपना जितना ज़्यादा सम्मान करते हैं, आपके लिए और भी ज़्यादा लगन के साथ ख़ुद को अनुशासित करना उतना ही आसान हो जाता है।

अपने सबसे मूल्यवान काम पर स्पष्टता से ध्यान केंद्रित करके और उसके पूरा होने तक उस पर पूरी एकाग्रता बनाए रखकर आप दरअसल अपने चरित्र को ढालते और आकार देते हैं। आप एक श्रेष्ठ व्यक्ति बन जाते हैं।

आप ज़्यादा शक्तिशाली, ज़्यादा सक्षम, ज़्यादा आत्मविश्वासी, और ज़्यादा ख़ुश महसूस करते हैं। आप ज़्यादा सशक्त और उत्पादक महसूस करते हैं।

अंततः आप किसी भी लक्ष्य को तय करने और हासिल करने में सक्षम महसूस करते हैं। आप अपनी तक़दीर के मालिक बन जाते हैं। आप ख़ुद को व्यक्तिगत प्रभावकारिता के ऊपर उठते चक्र पर पहुँचा देते हैं, जिससे आपके सुखद भविष्य की पक्की गारंटी हो जाती है।

और इस सबकी कुंजी यह तय करना है कि हर पल आप कौन सा सबसे मूल्यवान और महत्त्वपूर्ण काम कर सकते हैं। और फिर उस मेंढक को निगल लें!

हर सुबह एक मेंढक निगल लें !

1. कर्म करें! आज ही वह सबसे महत्त्वपूर्ण काम या प्रोजेक्ट चुनने का संकल्प करें, जिसे आप पूरा कर सकते हैं और फिर फ़ौरन उसमें जुट जाएँ।

2. एक बार जब आप अपना सबसे महत्त्वपूर्ण काम शुरू कर दें, तो फिर उसके पूर्ण होने तक बिना व्यवधान के उसमें जुटे रहने के लिए ख़ुद को अनुशासित करें। इसे एक इम्तिहान मानते हुए यह देखें कि क्या आप उस तरह के व्यक्ति हैं, जो किसी काम को पूरा करने का निर्णय ले सकता है और फिर उस पर अमल भी कर सकता है। एक बार जब आप शुरू कर दें, तो फिर काम पूरा होने तक रुकने से इंकार कर दें।

सारांश : हर चीज़ एक साथ

ख़ुशी, संतुष्टि, महान सफलता, व्यक्तिगत शक्ति और प्रभावकारिता की कुंजी यह है कि हर दिन काम शुरू करते वक़्त सबसे पहले अपना मेंढक निगलने की आदत डालें।

सौभाग्य से, इस योग्यता को सीखा जा सकता है और अभ्यास करके इसमें माहिर हुआ जा सकता है। और जब आप सबसे पहले अपना सबसे महत्त्वपूर्ण काम शुरू करने की आदत डाल लेते हैं, तो आपकी सफलता तय है।

यहाँ टालमटोल छोड़ने और ज़्यादा तेज़ी से ज़्यादा काम करने के इक्कीस बेहतरीन तरीक़ों का सार बताया जा रहा है। इन नियमों और सिद्धांतों की नियमित समीक्षा करते रहें, जब तक कि ये आपके दिमाग़ और कामों में दृढ़ता से जम न जाएँ। यक़ीन मानें, यह आपके सुखद भविष्य की गारंटी है।

1 **दावत की मेज़ सजा लें** : ठीक-ठीक तय करें कि आप क्या चाहते हैं। स्पष्टता अनिवार्य है। शुरू करने से पहले अपने लक्ष्य और उद्देश्य लिख लें।

2 **हर दिन की योजना पहले से बना लें** : काग़ज़ पर सोचें। योजना में लगाया गया हर मिनट अमल के पाँच-दस मिनट बचा सकता है।

3 **हर चीज़ पर 80/20 का नियम लागू करें** : आपकी 20 प्रतिशत गतिविधियाँ 80 प्रतिशत

परिणामों के लिए ज़िम्मेदार होती हैं। अपनी कोशिशों को हमेशा शीर्ष 20 प्रतिशत पर ही केंद्रित करें।

4 **परिणामों पर विचार करें** : आपके सबसे महत्वपूर्ण काम और प्राथमिकताएँ वे हैं, जिनका आपके जीवन या काम-धंधे पर सबसे ज़्यादा गंभीर असर – नकारात्मक या सकारात्मक – हो सकता है। इन पर बाक़ी सभी चीज़ों से ज़्यादा ध्यान केंद्रित करें।

5 **रचनात्मक टालमटोल का अभ्यास करें** : चूँकि आप हर चीज़ नहीं कर सकते, इसलिए आपको कम मूल्य के सभी कामों को जान-बूझकर टाल देना चाहिए, ताकि आपके पास उन चुनिंदा कामों को करने के लिए पर्याप्त समय रहे, जो सचमुच महत्वपूर्ण हैं।

6 **एबीसीडीई तकनीक का लगातार इस्तेमाल करें** : कामों की सूची पर काम शुरू करने से पहले उन्हें महत्व और प्राथमिकता के क्रम में जमा लें, ताकि यह सुनिश्चित हो जाए कि आप अपनी सबसे महत्वपूर्ण गतिविधियों पर ही काम करें।

7 **प्रमुख परिणाम क्षेत्रों पर ध्यान केंद्रित करें** : उन परिणामों को पहचानें और तय करें, जिन्हें आपको अपना काम अच्छी तरह करने के लिए हर हाल में पाना ही है और फिर उन पर दिन भर मेहनत करें।

8 **तीन के नियम पर अमल करें** : आप जो काम-धंधा करते हैं, उसकी तीन ऐसी चीज़ों को पहचानें, जो आपके ९० प्रतिशत योगदान के लिए ज़िम्मेदार हैं। फिर बाक़ी किसी चीज़ से पहले उन्हें करने पर ध्यान केंद्रित करें। तब आपके पास अपने परिवार और निजी ज़िंदगी के लिए ज़्यादा वक़्त रहेगा।

9 **शुरू करने से पहले पूरी तैयारी कर लें** : शुरू करने से पहले हर ज़रूरी चीज़ पास में रख लें। सभी ज़रूरी क़ागज़, जानकारी, साधन, काम की सामग्री और आँकड़े पास में रख लें, ताकि आप शुरू करने के बाद बिना रुके काम कर सकें।

10 **एक बार में तेल के एक पीपे तक पहुँचें** : आप सबसे बड़े और जटिल काम को भी पूरा कर सकते हैं, बशर्ते आप एक बार में उसके एक हिस्से को पूरा कर लें।

11 **अपनी योग्यताएँ बढ़ाएँ** : आप अपने प्रमुख कामों में जितने ज्ञानी और योग्य होते हैं, उतनी ही तेज़ी से उन्हें शुरू कर सकते हैं और उतनी ही जल्दी पूरा भी कर सकते हैं।

12 **अपनी विशेष योग्यताओं की लीवरेजिंग करें** : सटीकता से तय करें कि आप किस चीज़ में बहुत अच्छे हैं या हो सकते हैं और फिर उन ख़ास चीज़ों को बहुत, बहुत अच्छी तरह से करने में पूरे दिल से जुट जाएँ।

13 **प्रमुख बाधाओं को पहचानें** : उन अंदरूनी या बाहरी बाधाओं या अड़चनों का पता लगा लें, जो उस गति को तय करती हैं, जिससे आप अपने सबसे महत्वपूर्ण लक्ष्यों को हासिल करते हैं। फिर उन बाधाओं को दूर करने पर ध्यान केंद्रित करें।

14 **खुद पर दबाव डालें** : कल्पना करें कि आप एक महीने के लिए शहर छोड़कर जा रहे हैं और जाने से पहले आपको अपने सभी महत्वपूर्ण काम पूरे करने है।

15 **अपनी व्यक्तिगत शक्तियों को अधिकतम करें** : हर दिन सर्वोच्च मानसिक और शारीरिक ऊर्जा के कालखंडों को पहचानें। अपने सबसे महत्वपूर्ण और जटिल काम इन्हीं कालखंडों में करें। पर्याप्त आराम करें, ताकि आप सर्वश्रेष्ठ प्रदर्शन कर सकें।

16 **कर्म में जुटने के लिए खुद को प्रेरित करें**: अपने चियरलीडर ख़ुद बनें। हर स्थिति में अच्छाई खोजें। समस्या के बजाय समाधान पर ध्यान केंद्रित करें। हमेशा आशावादी और सृजनात्मक बनें।

17 **टेक्नोलॉजी की वजह से वक़्त बर्बाद न होने दें** : टेक्नोलॉजी का इस्तेमाल अपने संप्रेषण की गुणवत्ता को बेहतर बनाने में करें, लेकिन ख़ुद को इसका ग़ुलाम न बनने दें। चीज़ों को कभी-कभार बंद करना और छोड़ना भी सीखें।

18 **काम को टुकड़ों में बाँट लें** : बड़े, जटिल कामों को छोटे-छोटे टुकड़ों में बाँट लें और फिर शुरू करने के लिए बस उस काम का एक छोटा हिस्सा कर दें।

19 **समय के बड़े कालखंड निर्मित करें** : अपने दिनों को बड़े कालखंडों के आस-पास व्यवस्थित करें, ताकि आप सबसे महत्वपूर्ण कामों पर लंबे समय तक ध्यान केंद्रित कर सकें।

20 **शीघ्रता का एहसास विकसित करें** : अपने प्रमुख कामों को तेज़ गति से करने की आदत डालें। तेज़ी से और अच्छी तरह काम करने वाले व्यक्ति की छवि बनाएँ।

21 **हर काम को एक ही बार में निबटाएँ** : स्पष्ट प्राथमिकताएँ तय करें, अपने सबसे महत्वपूर्ण काम फ़ौरन शुरू करें और फिर काम ख़त्म होने तक बिना रुके काम करते रहें। यही उच्च प्रदर्शन और अधिकतम व्यक्तिगत उत्पादकता की असली कुंजी है।

इन सिद्धांतों का हर दिन अभ्यास करने का फ़ैसला करें, जब तक कि ये आपकी आदत न बन जाएँ। व्यक्तिगत प्रबंधन की ये आदतें जब आपके व्यक्तित्व का स्थायी हिस्सा बन जाएँगी, तो आपकी भावी सफलता असीमित होगी।

बस इसे कर दें! *हर सुबह एक मेंढक निगल लें!*

लेखक के बारे में

ब्रायन ट्रेसी एक पेशेवर वक्ता, प्रशिक्षक और परामर्शदाता हैं। वे एक प्रशिक्षण एवं परामर्श कम्पनी "ब्रायन ट्रेसी इंटरनेशनल" के चेयरमैन भी हैं, जो कैलीफोर्निया के सोलोना समुद्रतट पर स्थित है। इसके साथ ही वे एक सेल्फ़मेड लखपति भी हैं।

ब्रायन को जिंदगी के सबक सीखने के लिए कई मुश्किलों का सामना करना पड़ा। उन्होंने ग्रेजुएशन के पहले ही पढ़ाई छोड़ दी और कुछ सालों तक मज़दूरी का काम किया। उन्होंने बर्तन माँजे, कबाड़ बेचा, कुँए खोदे, फैक्ट्रियों में काम किया और खेतों के घास के गट्ठर बनाए।

25 साल की उम्र में वे एक सेल्समैन बन गए और फिर व्यापार की दुनिया में ऊँचाईयाँ छूने लगे। साल दर साल अपने अध्ययन के दौरान वे जो सबसे असरदार विचार, विधियाँ और तकनीक़ें खोज सकते थे, खोजते रहे। और उन सबका इस्तेमाल करते हुए वे 265 मिलियन डॉलर की एक विकासशील कंपनी के चीफ़ ऑपरेटिंग ऑफिसर बन गए।

उम्र के तीसरे दशक में उन्होंने अल्बर्टा विश्वविद्यालय में दाखिला लेकर कॉमर्स विषय में बैचलर डिग्री हासिल की। इसके बाद उन्होंने एन्ड्रयू जैक्सन विश्वविद्यालय से एमबीए भी किया। आने वाले समय में उन्होंने 22 अलग-अलग कंपनियों और उद्योगों में काम किया। सन् 1981 में उन्होंने देशभर में सेमिनार और वार्ताएँ आयोजित कर लोगों को सफलता के

सिद्धांत सिखाने शुरू किए। आज उनकी किताबें और ऑडियो प्रोग्राम्स पैंतीस भाषाओं में अनुदित होकर 52 देशों में उपयोग किए जा रहे हैं।

पेशेवर वक्ता के अपने कैरियर में ब्रायन अब तक पैंतालीस देशों में 4 मिलियन लोगों को संबोधित कर चुके हैं। प्रशिक्षक और सलाहकार के तौर पर अब तक उन्होंने 1,000 से ज़्यादा कॉरपोरेशन्स में अपनी सेवाएँ दी हैं। इस पुस्तक में दिए गए सभी सिद्धांतों को उन्होंने ख़ुद आज़माया है। उन्होंने ख़ुद को और अनगिनत अन्य लोगों को कुंठा और असफलता के दौर से बाहर निकालकर समृद्धि और सफलता का रास्ता दिखाया है।

ब्रायन ख़ुद को एक "इलेक्ट्रिक रीडर" कहते हैं। वे ख़ुद को न सिर्फ एक अकादमिक शोधकर्ता मानते हैं बल्कि सूचनाओं के संश्लेषक (information synthesizer) के तौर पर भी देखते हैं। वे हर साल सैकड़ों घंटे अलग-अलग क़िस्म के कई अख़बार, पत्रिकाएँ, पुस्तकें और अन्य सामग्रियाँ पढ़ने में बिताते हैं। इसके साथ ही अपने पसंदीदा विषयों पर ऑडियो टेप सुनने में भी कई घंटे बिताते हैं, अनगिनत सेमिनारों में शिरकत करते हैं और ढेरों वीडियो टेप्स देखते हैं। रेडियो, टीवी और अन्य संचार साधनों से मिलने वाली सूचनाएँ भी उनकी जानकारियों के आधार का हिस्सा हैं।

ब्रायन के विचार और जानकारियाँ उनके अपने अनुभवों पर आधारित हैं। वे 40 से ज़्यादा पुस्तकों के बेस्टसेलिंग लेखक हैं, जिनमें *मैक्सिमम अचीवमेंट, एडवांस्ड सेलिंग स्ट्रेटजीस, फोकल पॉइंट* और *100 अनब्रेकेबल लॉज़ ऑफ बिज़नेस सक्सेज़* शामिल हैं। उन्होंने 300 से ज़्यादा ऑडियो प्रोग्राम लिखे और

प्रोड्यूस किए हैं, जिनका उपयोग आज दुनिया भर में किया जा रहा है।

ब्रायन एक ख़ुशहाल विवाहित व्यक्ति हैं और उनके चार बच्चे हैं। वे सैन डिएगो के एक गोल्फ कोर्स में रहते हैं। वे हर साल 100 से ज़्यादा यात्राएँ करते हैं और भाषण देते हैं। इसके साथ ही वे 17 देशों में अपना व्यवसाय भी चलाते हैं। उन्हें जबर्दस्त सफलता हासिल करने वाली दुनिया की कुछ सबसे प्रमुख हस्तियों में गिना जाता है।